유비쿼터스
행복경제학

유비쿼터스 행복경제학

ⓒ 이정완, 2024

초판 1쇄 발행 2024년 4월 9일

지은이   이정완
펴낸이   이기봉
편집   좋은땅 편집팀
펴낸곳   도서출판 좋은땅
주소   서울특별시 마포구 양화로12길 26 지월드빌딩 (서교동 395-7)
전화   02)374-8616~7
팩스   02)374-8614
이메일   gworldbook@naver.com
홈페이지   www.g-world.co.kr

ISBN   979-11-388-2939-7 (03320)

이정완 지음

Ubiquitous

유비쿼터스 행복경제학

Happiness Economics

학문적인 내용과 현실적인 담론을 바탕으로 행복이 경제적 성공과 어떻게 연결되어 있는지를 탐구하며, 독자들에게 삶의 다양한 영역에서 행복을 추구하는 데 도움이 되는 실용적인 지침을 제공합니다.
_프롤로그 중에서

좋은땅

‖ 목차 ‖

제2부. 60-80대를 위한 행복경제학

프롤로그

세상은 끊임없이 변화하고 있습니다. 우리는 경제적인 발전과 혁신으로 이끌리며, 삶의 모습 또한 함께 변화하고 있습니다. 그러나 이러한 변화의 과정에서 우리는 종종 행복이라는 본질을 잃어 가는 듯한 느낌을 받곤 합니다. 이 책《유비쿼터스 행복경제학》에서는 단순한 경제의 관점을 넘어, 행복이라는 중심 개념에 초점을 맞추어 여러 분야에서의 현명한 선택과 지혜로운 행동이 어떻게 우리의 삶에 긍정적인 영향을 미칠 수 있는지를 살펴보고자 합니다. 이 책은 지금까지의 논의에서 벗어나, 사회적으로 더 나은 방향으로 나아갈 수 있는 행복 중심의 경제학에 대한 담론을 제시하고 있습니다. 이는 행복의 본질은 단순히 돈이나 소비의 문제가 아니라, 우리가 만들어 가는 사회의 전체적인 틀에서 비롯된 문제라는 사실을 깨닫게 해 줍니다.

불평등이 증가하는 현대 사회에서 우리는 어떻게 포용적인 경제를 형성하고 유지할 수 있을까요? 이 책에서는 부(富)의 분배와 사회적 포용의 중요성을 강조하며, 이러한 가치들이 어떻게 우리 모두의 행복에 긍정적인 영향을 미칠 수 있는지를 논의합니다. 돈과 행복은 상호 보완적인 개념이 될 수는 없을까요? 이 책은 금전적인 번영이 개인의 삶에 어떤 영향을 미치는지를 더 깊이 파헤쳐 봅니다. 이를 통해 자신의 금전적인 상황을 향상시키고, 더 나은 미래를 준비하는 방법에 대한 통찰력을 제공합니다. 환경 문제가 급속히 악화되고 있는 지금, 우리는 지속 가능한 행복을 어떻게 찾아야 할까요? 이 책에서는 경제적 행복을 지속 가능한 발전과 어떻게 조화롭게 이룰 수 있는지를 탐구합니다. 자연과 사람 사이의 균형을 찾아가는 여정에서 우리는 더 나은 미래를 향한 길을 찾아갈 수 있을 것입니다. 또한, 이 책은 대한민국에서 서로 다른 세대 간의 상호 작용이 어떻게 행복과 경제에 영향을 미치는지를 조망합니다. 학부모, 30-50대, 60-80대라는 각기 다른 세대의 관점에서 행복과 경제적인 문제, 그리고 그에 대한 해결책에 대해 논의합니다.

《유비쿼터스 행복경제학》은, 제1부는 30-50대를 대상으로 학부모로서 가정과 아이들의 학비 지원에 막중한 책임과 의무를 지니고, 직업적 생산성이 제일 왕성한 세대인 독자들에게 도움이 될 수 있도록 포용의 경제학, 번영의 경제학, 환경의 경제학, 가정 번영의 경제학, 직업적 성공경제학 등 세분화된 내용을 통해 독자들이 더 나은 가정과 직업적 성공을 향해 더욱더 긍정적 의지를 갖고 나아갈 수 있도록 기획하였습니다. 제2부는 60-80대를 대상으로 자녀들을 출가시켜 자립할 수 있도록 기반 제공을 마친 후, 자기 자신의 삶에 더욱 충실하고자 명예퇴직 또는 은퇴를 선언한 독자들에게 도움이 될 수 있도록 은퇴의 경제학, 안정의 경제학, 참여의 경제학, 사회적 공헌 경제학 등 은퇴 후에 더 높은 자존감 있는 삶과 인생 후반부 성공을 향해 더욱더 긍정적 의지를 갖고 나아갈 수 있도록 기획하였습니다. 이를 통해, 이 책은 경제, 경영, 자기 계발에 관심 있는 독자들에게 행복과 경제적 관점에서 새로운 시각을 제시합니다. 각 장은 학문적인 내용과 현실적인 담론을 바탕으로 행복이 경제적 성공과 어떻게 연결되어 있는지를 탐구하며, 독자들에게 삶의 다양한 영역에서 행복을 추구하는 데 도움이 되는 실용적인 지침을 제공합니다.

이 책에서는 독자들이 현실에서 행복과 경제의 새로운 통합을 찾아가기 위한 실질적인 도움을 얻을 수 있도록 노력하였습니다. 이 책은 독자들에게 행복경제학의 관점에서 새로운 시각과 지식을 제공하여, 독자들의 삶에 긍정적인 변화를 가져다주기를 희망합니다. 함께 이 여정에 동참하며, 행복이라는 가치를 중심으로 삶을 더욱 풍요롭게 만들어 나가기를 기대합니다.

제1부

30-50대를 위한
행복경제학

제1장

포용의 경제학

제1절. 소득 부(富)의 불평등의 현실과 인간적 가치

우리는 현대 사회에서 소득 부(富)의 불평등이라는 그림자와 함께 살아가고 있습니다. 이는 단순한 통계 수치가 아니라, 우리의 일상에서 느껴지는 현실적인 문제입니다.

제1항. 소득 부(富)의 불평등의 현실

가. 재분배의 부재

현대 사회에서는 소득이 불균등하게 분배되고 있습니다. 상위 계층은 점점 더 많은 부를 축적하고, 하위 계층은 경제적으로 어려움을 겪는 경우가 늘고 있습니다. 이는 사회적으로 불안하고 불평등한 환경을 조성하고 있습니다.

나. 고용 기회의 불균형

일자리의 부족과 기술 요구의 증가로 인해 상위 계층은 더욱 쉽게 고급 직종에 접근할 수 있으며, 이는 소득 격차를 확대시키는 원인 중 하나가 됩니다. 하위 계층은 저급한 일자리에 한정되어 경제적으로 제한을 받게 됩니다.

다. 교육의 불평등

교육은 소득 부의 불평등을 조장하는 주요 요소 중 하나입니다. 상위 계층은 고급 교육 기회를 더 많이 가지고 있으며, 이는 미래에 높은 수준의 일자리에 쉽게 진입할 수 있게 만듭니다. 반면 하위 계층은 저급 교육에 제한을 받아 일종의 악순환에서 벗어나기 어렵습니다.

제2항. 인간적 가치와 소득 부의 불평등

가. 자아 존중과 삶의 만족도

소득 부의 불평등은 개인의 자아 존중과 삶의 만족도에 직접적인 영향을 미칩니다. 상위 계층은 경제적으로 안정되어 있어 높은 자아 존중과 삶의 만족도를 경험할 가능성이 큽니다. 그에 반해 하위 계층은 경제적 어려움과 사회적 편견으로 자아 존중과 삶의 만족도가 저하될 수 있습니다.

나. 사회적 융화와 상호 작용

소득 부의 불평등은 사회적 융화를 방해하고 상호 작용을 어렵게 만듭니다. 부유한 계층과 가난한 계층 간의 갈등과 이해관계의 부재는 사회적인 결속력을 약화시키며, 불안한 사회 구조를 형성합니다.

다. 기회 평등의 부재와 창의성 저하

소득 부의 불평등이 지속되면 기회의 불평등도 증가하게 됩니다. 이는 다양성과 창의성을 억누르는 결과를 낳을 수 있습니다. 경제적으로 제한을 받는 하위 계층에서 나오는 아이디어와 역량이 무시되면, 사회는 소중한 기회와 잠재력을 상실하게 됩니다.

제3항. 긍정적인 변화를 위한 전략

가. 재분배 정책의 강화

정부와 기업은 소득 부의 불평등을 줄이기 위한 적극적인 재분배 정책을 마련해야 합니다. 세금 정책, 복지 제도의 강화, 소득 부과 구조의 조정 등이 이에 해당하며, 이를 통해 상위 계층과 하위 계층 간의 격차를 좁힐 수 있습니다.

나. 고용 기회의 평등 증진

기업들은 고용 기회의 공정성을 강조하고, 상위 계층과 하위 계층 간의 경제적 차별을 최소화하는 데 노력해야 합니다. 다양한 배경을 가진 인재들에게 기회를 제공하고, 다양성과 포용성을 존중하는 기업 문화를 구축해야 합니다.

다. 교육의 평등 강화

교육은 소득 부의 불평등을 해소하는 핵심 도구입니다. 정부와 교육 기관은 교육의 평등을 강화하고, 모든 계층의 개인들이 고급 교육을 받을 수 있도록 지원해야 합니다.

소득 부의 불평등은 우리의 사회에 뿌리 깊게 박힌 문제입니다. 그러나 이를 인식하고 긍정적인 변화를 위한 전략을 마련한다면, 불평등의 벽을 허물고 더 포용적이고 공평한 사회를 만들어 갈 수 있을 것입니다. 정부, 기업, 교육 기관, 그리고 우리 개개인의 노력이 하나로 뭉쳐지면, 소득 부의 불평등을 해소하고 모든 이가 더 나은 미래를 향해 함께 나아갈 수 있을 것입니다.

제2절. 부(富)의 불평등이 개인과 사회에 미치는 영향

부(富)의 불평등은 현대 사회의 심각한 문제로 대두되어 있습니다. 이는 단순히 경제적인 격차를 넘어서 개인과 사회에 광범위한 영향을 미치고 있습니다.

제1항. 부(富)의 불평등이 개인에게 미치는 영향

가. 기회 제한과 자원 접근 어려움

부의 불평등은 기회의 불균등을 야기합니다. 상위 계층은 더 많은 교육 기회와 자원에 접근할 수 있으며, 이는 그들의 경제적, 사회적 성공으로 이어집니다. 이와는 반대로 하위 계층은 기회에 제약을 받아 자원에 어려움을 겪게 됩니다.

나. 심리적 영향과 사회적 갈등

부의 불평등은 개인 간의 심리적 거리를 확대시킵니다. 경제적으로 불평등한 상황에서는 사회적 갈등과 부정적인 정서가 증가할 가능성이 큽니다. 이는 사회적 불안과 불만을 유발하며, 상대적 박탈감을 경험하는 개인들이 사회적으로 격차를 느끼게 만듭니다.

다. 교육의 불평등과 기술력 차이

부의 불평등은 교육 영역에도 영향을 미칩니다. 상위 계층은 고급 교육과 기술적 역량을 획득할 수 있는 기회를 더 많이 가지게 되어 경제적 성공으로 이어집니다. 이로 인해 기술력의 차이가 확대되면서 하위 계층은 경쟁에서 뒤처지는 악순환이 발생합니다.

제2항. 부(富)의 불평등이 사회에 미치는 영향

가. 경제 성장의 저하

부의 불평등은 경제 성장을 둔화시킬 수 있습니다. 상위 계층의 소수가 대다수의 자원을 독점하면서 사회 전체의 경제적 활동이 저하될 수 있습니다. 이는 생산성과 혁신을 억누르며, 더 나은 경제 성과를 방해할 수 있습니다.

나. 사회 안전망의 부족

불평등이 증가하면 사회 안전망의 부족이 발생할 수 있습니다. 하위 계층에 속한 개인들은 경제적 어려움에 더 어려움을 겪을 수 있으며, 이는 사회적 불안과 불안정을 증가시킬 수 있습니다.

다. 사회적 풍요로움 감소

부의 불평등은 사회 전체의 풍요로움을 감소시킬 수 있습니다. 경제적으로 불평등한 상황에서는 소수의 부유층이 대다수의 부를 더 많이 증가시키는 반면, 다수의 하위 계층은 더욱 어려운 처지에 처하게 됩니다.

제3항. 부(富)의 불평등 해소 전략

가. 교육의 평등 강화

부의 불평등 해소를 위해서는 교육의 평등을 강화해야 합니다. 모든 계층의 개인들이 고급 교육을 받을 수 있도록 지원하고, 이를 통해 더 나은 직업 기회를 얻을 수 있도록 해야 합니다.

나. 정책적 개입과 사회적 변화 유도

부의 불평등을 해소하기 위해서는 정부와 기업의 적극적인 정책 개입이 필요합니다. 최저임금 인상, 사회적 보호망 강화, 고용 기회의 평등 증진 등의 정책들이 필요하며, 더불어 사회적 태도와 인식을 변화시키는 것이 중요합니다.

다. 투자와 창업을 통한 경제 활성화

부의 불평등을 해소하기 위해서는 경제적 활동을 촉진해야 합니다. 특히, 창업을 장려하고 적극적으로 투자를 유도함으로써 일자리 창출과 경제적 기회의 다양성을 확보하는 것이 중요합니다.

라. 사회적 책임을 강조하는 기업 문화 구축

기업들은 사회적 책임을 강조하는 문화를 구축해야 합니다. 고용 기회의 공평성, 근로자의 복지 제공, 환경 보호 등을 고려하여 사회적 가치 창출에 기여함으로써 부의 불평등을 줄이는 긍정적인 영향을 낼 수 있습니다.

요약하면, 부의 불평등은 경제적인 문제뿐만 아니라 개인과 사회에 광범위한 영향을 미치는 복합적인 문제입니다. 이를 해결하기 위해서는 교육의 평등, 정책적 개입, 경제적 활성화, 기업의 사회적 책임 등 다양한 전략이 필요합니다.

제3절. 사회적 포용의 개념과 중요성

현대 사회에서 사회적 포용은 더 이상 선택이 아닌 필수적인 가치로 자리매김하고 있습니다. 이 절에서는 사회적 포용의 개념, 그리고 이 개념이 사회에 미치는 중요성에 대해 알아보고, 이를 어떻게 실현할 수 있는지에 대해 살펴보겠습니다.

제1항. 사회적 포용의 중요성

가. 사회적 포용의 개념

사회적 포용은 모든 사람이 사회적으로 통합되고, 각종 경제적, 문화적 배경을 가진 다양한 개인들이 존중받아 공동체의 일원으로서의 자각을 형성할 수 있는 환경을 의미합니다. 이는 단순히 경제적인 평등뿐만 아니라 문화적, 교육적 포용도 함께 고려해야 합니다. 사회적 포용은 불평등과 갈등을 해소하며, 모든 구성원이 공평한 기회를 누릴 수 있는 사회를 조성하는 과정입니다. 이는 다양한 배경을 가진 사람들이 상호 존중하며 공존할 수 있는 사회적 기반을 마련하는 것이 목표입니다. 이는 개인의 성별, 인종, 종교, 경제적 지위 등에서의 차별이나 배제 없이 모든 이를 포용하는 것을 목표로 합니다.

나. 다양성의 인식과 존중

사회적 포용은 다양성을 존중하고 강조함으로써, 각 개인의 독특한 특징과 역량을 활용할 수 있는 기회를 제공합니다. 각자의 배경을 이해하고 존중함으로써, 조직과 사회에서 차별화된 관점과 경험을 공유할 수 있습니다.

다. 사회적 안정과 조화

포용적인 사회는 갈등과 불평등을 줄이고, 사회적 안정성을 증진시킵니다. 다양한 개인들이 포용받아 자유롭게 참여할 수 있는 사회는 상호 신뢰를 촉진하며, 이는 더 나은 협력과 상호 작용을 가능케 합니다.

라. 경제적 발전과 풍요

포용적인 사회는 다양한 인재를 끌어들이고 육성함으로써 경제적 발전을 촉진할 수 있습니다. 이는 다양한 역량과 능력을 가진 개인들이 사회와 경제의 다양한 부문에서 참여하며 풍요로운 결과를 이루어 낼 수 있는 기회를 제공합니다.

제2항. 사회적 포용의 실현 방안

가. 교육의 역할 강화

교육은 사회적 포용을 실현하는 핵심적인 요소 중 하나입니다. 포용적인 교육은 다양한 배경을 가진 학생들에게 공평한 기회를 제공하고, 상호 이해와 존중을 촉진합니다.

나. 다양성 존중과 인식 증진

사회 구성원들 간의 상호 존중과 이해를 증진시키기 위해 다양성에 대한 인식 활동과 교육이 필요합니다. 이를 통해 선입견과 편견을 극복하고, 다양성을 긍정적인 가치로 인식할 수 있게 됩니다.

다. 지역 사회 참여 강화

지역 사회 참여를 통해 사회 구성원들은 서로에게 더 가까워지고, 지역 사회에서의 다양한 의견과 경험이 공유될 수 있습니다. 이는 지역 사회에서의 포용적인 분위기를 조성하는 데 기여합니다.

라. 문화적 이해와 대화 촉진

다양한 문화 간의 이해를 높이고 상호 대화를 촉진함으로써, 사회 내에서 다양성이 존중받을 수 있도록 합니다. 문화 교류 및 다양한 이야기들을 공유하는 플랫폼을 지원하는 것이 중요합니다.

사회적 포용은 현대 사회의 중요한 가치 중 하나로 떠오르고 있습니다. 이는 다양성을 존중하며, 각 개인이 자유롭게 참여하고 존중받을 수 있는 사회를 의미합니다. 다양한 배경을 가진 사람들이 상호 협력하며 공존할 수 있는 사회는 불평등과 갈등을 줄이고, 모든 구성원이 풍요롭게 발전할 수 있는 기회를 제공합니다. 따라서 우리는 교육, 다양성 존중, 포용적인 정책 등을 통해 이러한 가치를 실현하기 위한 지속적인 노력이 필요하다는 것을 인식해야 합니다. 이를 통해 더욱 공정하고 포용적인 사회를 건설하는 데 일조할 수 있을 것입니다.

제4절. 경제적 부(富)의 불평등과 행복의 상관관계

종종 우리는 경제적 부(富)의 불평등이 행복과는 반비례한다고 인식하곤 합니다. 이는 우리의 상식 속에서 당연시되는 생각이지만, 이 현상이 실제로 어떻게 발생하며 우리 사회에 어떠한 영향을 미치는지 깊이 파헤쳐 보는 것이 필요합니다. 이번 절에서는 경제적 부의 불평등과 행복 간의 복잡한 상관관계를 논리적으로 분석해 보겠습니다.

제1항. 경제적 부(富)의 불평등과 그 영향

가. 행복의 상실

경제적 부의 불평등은 먼저 개인의 행복에 직접적인 영향을 미칩니다. 상위 계층은 안정적이고 풍요로운 삶을 누리며 행복을 경험할 가능성이 높습니다. 그에 반해 하위 계층은 경제적 어려움에 직면하며 행복의 문턱을 높이게 됩니다.

나. 사회적 불안과 부정적 감정

부의 불평등은 사회 전체의 안정성에도 영향을 미칩니다. 상위 계층은 과도한 특권을 누리는 반면, 하위 계층은 불안과 불만을 느끼게 됩니다. 이로써 사회적인 갈등과 불안정성이 증대되며, 부정적 감정이 증폭됩니다.

다. 기회의 불평등과 자기 계발의 어려움

경제적 부의 불평등은 기회의 불평등을 야기합니다. 하위 계층은 교육,

진로, 창업 등에서 부족한 기회를 경험하게 되어 자기 계발의 어려움에 직면합니다. 이는 향후 더 높은 소득을 얻는 데 제약을 가하게 됩니다.

제2항. 경제적 부(富)의 불평등과 행복의 상관관계

가. 행복과 소득의 연관성

다수의 연구에서는 소득 수준과 행복 간에 양의 상관관계가 있다고 보고하고 있습니다. 그러나 이 연관성은 초기 수준에서 크게 나타나며, 일정 수준 이상에서는 소득의 증가가 행복에 크게 영향을 미치지 않는다는 것이 연구 결과 중 하나입니다.

나. 상대적 소득의 중요성

중요한 점은 상대적 소득이 행복에 더 큰 영향을 미친다는 것입니다. 다시 말해, 나 자신의 소득이 아니라 상대적인 위치가 행복에 더 큰 영향을 끼친다는 것이죠. 부의 불평등이 증가하면서 상대적인 위치를 중요시하는 경향이 강조되고 있습니다.

다. 사회적 지원과 행복

사회적 지원체계가 강화되면 경제적 부의 불평등이 행복에 미치는 부정적 영향을 완화할 수 있습니다. 사회적 안전망이 강력하고 공정한 재분배 정책이 시행되면 경제적 부의 불평등에 대한 사람들의 부정적인 태도를 감소시키고 행복을 높일 수 있습니다.

제3항. 긍정적인 영향력을 위한 전략

가. 재분배 정책 강화

경제적 부의 불평등을 완화하고 행복을 증진하기 위해서는 재분배 정책을 강화해야 합니다. 세금 정책의 공정성 확보와 사회적 지원체계의 강화가 그 예시입니다.

나. 기회 평등의 증진

기회의 평등을 증진시키는 데에도 노력이 필요합니다. 교육 기회 확대와 다양한 진로에 대한 지원을 강화하여 경제적 부의 불평등에 따른 기회 부조화를 최소화할 수 있습니다.

다. 상대적 소득의 인식 개선

상대적 소득의 영향을 줄이기 위해서는 사회적 가치를 다양성과 협력에 더 중점을 둬야 합니다. 다양성을 인정하고 협력을 강조하는 문화를 활성화시키는 것이 중요합니다.

경제적 부의 불평등과 행복 간의 상관관계는 복잡하고 다면적인 문제입니다. 소득 수준과 행복은 어느 정도 연관성이 있지만, 상대적 소득과 사회적 요소의 중요성은 더 크게 부각되고 있습니다. 경제적 부의 불평등을 해소하고 행복을 증진하기 위해서는 정부, 기업, 사회 구성원들이 협력하여 체계적이고 지속적인 노력을 기울이는 것이 필요합니다. 이러한 노력을 통해 우리는 더욱 공정하고 행복한 사회를 향해 나아갈 수 있을 것입니다.

제5절. 포용적 경제체제의 행복 촉진 효과

현대 사회에서는 경제체제가 개인과 사회의 행복에 미치는 영향에 대한 관심이 높아지고 있습니다. 이번 절에서는 포용적 경제체제가 행복의 촉진에 어떠한 긍정적인 영향을 미치는지를 파헤쳐 보고자 합니다.

제1항. 포용적 경제체제의 이해

가. 포용의 개념

포용은 모든 이들을 경제적, 사회적, 문화적으로 공정하게 수용하는 개념입니다. 이는 부의 분배뿐만 아니라 기회의 평등, 다양성 존중, 사회적 불평등의 감소 등을 아우르고 있습니다. 포용적 경제체제는 이러한 가치를 바탕으로 하여 사회 전체의 행복과 번영을 추구합니다.

나. 부(富)의 분배의 공정성

포용적 경제는 부의 분배에서 시작됩니다. 상위 계층과 하위 계층 간의 격차를 줄이고, 재분배 정책을 통해 모든 계층이 고르게 혜택을 누릴 수 있도록 하는 것이 중요합니다. 이는 행복을 증진시키는 기본적인 요소 중 하나입니다.

다. 기회의 평등 강화

포용적 경제는 기회의 평등을 강화합니다. 교육 기회의 확대, 고용 기회의 공정한 분배, 창업을 위한 지원 등을 통해 모든 개인이 자신의 역량에 따라 성공할 수 있는 기회를 제공합니다.

라. 다양성과 포용의 존중

포용적 경제는 다양성을 존중하고 수용합니다. 이는 다양한 문화, 인종, 성별, 신념을 포함하여 모든 다양성이 사회의 풍요로움을 창출할 수 있도록 하는 것입니다. 다양성과 포용은 창의성과 혁신을 촉진하며, 이는 행복의 근간이 될 수 있습니다.

제2항. 포용적 경제체제와 행복의 상관관계

가. 사회적 안전망과 행복

포용적 경제체제는 강력한 사회적 안전망을 구축합니다. 모든 이들이 기본적인 생활 수준을 보장받을 수 있도록 하는 것은 안정감을 제공하고, 이는 개인의 행복에 긍정적인 영향을 미칩니다.

나. 사회적 상호 작용의 증진

포용적 경제는 상호 작용을 촉진합니다. 사회 간의 소통과 협력이 높아지면, 개인은 사회적 연결성을 높일 수 있고, 이는 행복의 주요한 요소 중 하나입니다.

다. 자아 존중과 자기 계발

개인이 포용받고, 기회를 얻고, 존중받는다면 그들은 자아 존중을 높이고, 자기 계발에도 힘을 쏟을 수 있습니다. 이는 개인의 성취감과 행복을 높이게 됩니다.

제3항. 포용적 경제체제를 위한 전략

가. 교육의 평등 강화

포용적 경제를 구현하기 위해서는 교육의 평등을 강화하는 것이 중요합니다. 모든 계층이 고급 교육을 받을 기회를 가지게 되면, 미래 사회는 더욱 풍요로워질 것입니다.

나. 다양성 존중을 위한 문화 조성

기업과 기관은 조직 내에서의 다양성을 존중하고 장려하는 문화를 조성해야 합니다. 다양성은 창의성과 혁신을 촉진하며, 이는 행복을 증진시키는 원동력이 됩니다.

다. 재분배 정책 강화

재분배 정책은 부의 공정한 분배를 가능케 하고, 하위 계층의 사회적 안전을 보장합니다. 이는 포용적 경제의 핵심 전략 중 하나입니다.

포용적 경제체제는 단순히 부(富)의 분배에 그치지 않고, 모든 이들이 행복과 번영을 누릴 수 있는 사회를 추구합니다. 이는 공정한 부의 분배, 기회의 평등, 다양성과 포용의 존중을 통해 이루어집니다. 이러한 가치와 전략을 통해 포용적 경제체제는 행복을 촉진하는 긍정적인 효과를 가질 것이며, 우리는 이를 통해 보다 풍요로운 미래를 기대할 수 있습니다.

제6절. 안정적 생활을 위한 고용의 역할

현대 사회에서 안정적인 삶을 유지하는 데 있어서 고용은 핵심적인 역할을 수행하고 있습니다. 안정적인 고용은 개인의 경제적 안정과 더불어 사회 전체의 번영에 이바지하며, 이는 안정적인 삶을 형성하는 중요한 구성 요소 중 하나입니다. 이번 절에서는 고용이 어떻게 안정적인 생활을 형성하고 유지하는 데 기여하는지에 대해 객관적으로 탐구하고자 합니다.

제1항. 고용의 본질과 중요성

가. 고용의 중요성

안정적인 고용은 다양한 측면에서 중요한 역할을 합니다. 개인 차원에서는 소득 안정성을 제공하고, 사회적으로는 경제 성장과 안정을 견인하여 국가 전체의 번영에 기여합니다.

나. 소득 안정성 제공

고용은 개인에게 정규적인 소득을 제공함으로써 경제적인 안정성을 부여합니다. 이를 통해 개인은 생활비를 보장하고 급박한 경제적 어려움에서 벗어날 수 있습니다.

다. 사회 경제적 번영 촉진

안정적인 고용은 사회 전체의 경제적 번영을 촉진합니다. 노동력의 안정성은 기업의 성과와 생산성을 향상시키며, 국가 전체의 경제 성장에 긍정적인 영향을 미칩니다.

라. 자아실현과 삶의 질 향상

고용은 개인의 자아실현과 삶의 질 향상을 도모합니다. 직업적 성취는 개인에게 자부심을 제공하며, 이는 삶의 만족도를 높이는 중요한 원동력이 됩니다.

마. 사회 안정성과 평등 강화

안정적인 고용은 사회 전체의 안정성을 높이고 사회적 평등을 강화합니다. 고용 기회의 균등한 제공은 사회 간의 격차를 줄여 주며, 사회적 불평등을 완화하는 효과를 가집니다.

제2항. 고용의 변화와 도전 과제

가. 기술적 발전과 산업의 변화

기술의 발전은 산업의 특성을 변화시키고, 이는 고용의 모습에도 영향을 미칩니다. 새로운 기술의 도입은 일부 직업의 사라짐을 초래하면서 동시에 새로운 일자리를 창출하는 역설적인 결과를 초래할 수 있습니다.

나. 고용의 불안정성 증가

급변하는 경제 여건과 글로벌 경제의 불안정성은 고용의 불안정성을 증가시킵니다. 일자리의 불안정성은 개인의 경제적 불안정성을 초래하고, 사회적으로도 불안정성을 증폭시킬 수 있습니다.

다. 평생 교육 및 기술 개발

빠르게 변화하는 일자리 시장에 대응하기 위해 평생 교육과 기술 개발이 필요합니다. 개인은 새로운 기술과 요구 사항에 대응하며 새로운 일자리에 대비할 수 있도록 꾸준한 교육을 받아야 합니다.

라. 사회적 안전망의 강화

안전하고 견고한 사회적 안전망은 고용의 불안정성에 대응하는 데 핵심적인 역할을 합니다. 효과적인 사회적 지원체계는 개인이 일시적인 경제 어려움을 극복하는 데 도움을 줄 수 있습니다.

마. 창업 지원 및 혁신 촉진

창업은 안정적인 고용 창출과 경제 성장을 견인할 수 있는 중요한 수단입니다. 정부 및 기업은 창업을 지원하고 혁신을 촉진함으로써 새로운 일자리를 창출할 수 있습니다.

안정적인 생활을 위한 고용의 역할은 현대 사회에서 더욱 중요성을 갖추고 있습니다. 고용은 소득 안정성을 제공하고, 사회 경제적 번영을 촉진하며, 개인과 사회의 안정성과 평등을 강화합니다. 그러나 고용의 변화와 도전에 대처하기 위해서는 지속적인 교육, 사회적 안전망의 강화, 창업 지원과 혁신 촉진 등의 정책적 노력이 필요합니다. 이러한 종합적인 노력을 통해 안정적인 고용을 유지하고 지속적인 발전을 이루어 낼 수 있을 것입니다.

제7절. 포용적 고용 정책의 필요성

현대 사회에서 안정적이고 포용적인 경제를 구축하는 데 있어서 고용 정책은 핵심적인 역할을 수행하고 있습니다. 이번 절에서는 포용적 고용 정책의 필요성에 대해 보다 논리적이고 객관적인 시각에서 살펴보겠습니다.

제1항. 포용적 고용 정책의 의미와 중요성

가. 고용 정책의 본질

고용 정책은 국가와 기업이 일자리를 창출하고 유지하기 위한 계획과 제도를 포함합니다. 그러나 포용적 고용 정책은 단순히 일자리의 양적인 증가에 그치지 않고, 모든 계층과 집단에게 기회를 제공하고 사회적 차별을 피하는 데에 초점을 맞춥니다.

나. 포용적 고용 정책의 특징

이 정책은 고용 기회를 창출할 때 특정 집단을 배제하지 않으며, 모든 이들에게 고르게 기회를 제공하려는 노력을 기반으로 합니다. 이는 사회적 다양성과 평등을 강화하고, 일자리의 공정한 분배를 지향합니다.

제2항. 포용적 고용 정책의 필요성과 그 효과

가. 사회적 안정성 확보

포용적 고용 정책은 사회적 안정성을 확보하는 데에 주요한 역할을 합니다. 안정된 일자리는 개인과 가족의 안정성을 지탱하며, 이는 사회 전체의 안정성에 직결됩니다. 이 정책은 경제적 번영을 촉진합니다. 모든 계층과 집단이 경제 활동에 참여하면서 생산성이 향상되고, 이는 국가 전체의 경제 성장에 긍정적인 영향을 미칩니다.

나. 사회적 평등 강화

포용적 고용 정책은 사회적 평등을 강화합니다. 차별적인 고용 관행을 배제하고 모든 이들에게 고르게 기회를 제공함으로써 사회적 격차를 줄이는 데에 크게 기여합니다.

다. 다양성과 혁신 유도

이 정책은 조직 내에서의 다양성과 혁신을 촉진합니다. 다양한 배경과 경험을 갖춘 인재들이 조직에 참여하면 창의성이 향상되고, 이는 기업의 혁신을 촉진하는 중요한 원동력이 됩니다.

라. 기술과 산업의 변화에 대응

빠르게 변화하는 기술과 산업 환경에서는 포용적 고용 정책이 필수적입니다. 이를 통해 노동력은 새로운 기술에 대응하며 지속적인 역량 개발이 가능해집니다.

제3항. 포용적 고용 정책의 구체적인 전략

가. 고용 기회의 균등한 제공

고용 기회를 모든 계층에게 균등하게 제공하는 것이 필요합니다. 채용 과정에서의 투명성과 공정성을 강조하여 차별이 없도록 합니다.

나. 균형 잡힌 일과 생활

일과 생활의 균형을 잡기 위한 유연한 근무 환경을 조성합니다. 일하는 부모나 가족 양립이 어려운 상황에 대한 지원을 강화하여 개인의 안정성을 증진시킵니다.

다. 교육 및 스킬 개발 프로그램 제공

지속적인 교육과 스킬 개발 프로그램을 제공하여 노동자들이 변화하는 일자리 시장에 대응할 수 있도록 돕습니다.

라. 다양성 증진을 위한 인센티브 도입

조직 내에서의 다양성을 증진하기 위해 인센티브를 도입하고, 다양성을 존중하고 즐기는 기업 문화를 조성합니다.

포용적 고용 정책은 현대 사회에서 안정성과 번영을 추구하는 데 있어서 필수적입니다. 이는 고용 기회의 균등한 제공, 일과 생활의 균형, 교육과 스킬 개발 프로그램의 제공, 다양성을 증진하는 인센티브의 도입 등의 다양한 전략을 통해 실현될 수 있습니다. 이러한 노력은 사회 전체의 안정성과 번영을 도모하며, 다양한 이해관계자들 간의 협력을 통해 보다 지속 가능한 미래를 구축하는 데 기여할 것입니다.

번영의 경제학

제1절. 행복과 개인 금융의 상관관계

현대 사회에서 30-50대의 중장년층은 더 많은 선택과 책임을 안고 살아가고 있습니다. 이들은 일상의 다양한 영역에서 금융이 그들의 행복과 깊은 연관이 있다는 것을 몸소 느끼고 있습니다. 따라서, 이번 절에서는 "행복과 개인 금융의 상관관계"에 대해 구체적으로 탐구하겠습니다.

제1항. 행복의 본질과 금융의 역할

가. 행복의 본질

우리의 일상에서 행복은 다양한 형태로 나타납니다. 그러나 이러한 행복의 다면적 본질 중에서도 물질적 안정과 만족도는 매우 중요한 역할을 합니다. 금융은 이러한 물질적 안정을 제공하는 도구 중 하나로, 개인의 경제적 상황이 행복과 직접적으로 연결되어 있다는 현실을 인식할 필요가 있습니다.

나. 금융 안정과 일상의 편안함

금융 안정은 일상의 편안함을 조성하는 핵심적인 요소입니다. 금융적으로 안정된 상태에서는 무거운 경제적 부담으로 인한 스트레스에서 해방되고, 이는 행복 수준을 높일 수 있는 중요한 요소로 작용합니다. 금융이 효과적으로 관리되면 일상적인 삶에서 더 많은 여유와 안정을 찾을 수 있게 됩니다.

다. 금융의 선택과 행복

뿐만 아니라, 금융은 우리가 삶에서 어떤 선택을 할 수 있는 자유를 제공합니다. 금융적 자유는 우리의 욕망과 목표를 달성하는 데 필수적인 도구 중 하나입니다. 금융을 효과적으로 활용하면 우리는 꿈을 향한 여정에서 더 많은 기회를 찾을 수 있고, 이는 삶의 만족도를 높일 수 있는 긍정적인 영향을 미칠 것입니다.

제2항. 금융 스트레스와 행복의 역전

가. 금융 스트레스의 본질

금융은 때로는 스트레스의 주요 원인이 될 수 있습니다. 금전적인 문제로 인한 스트레스는 행복 수준을 저하시키는 주요한 요인 중 하나입니다. 금융적인 불안정으로 인해 생기는 스트레스는 일상적인 삶에서 긍정적인 경험을 막아 세우고, 이로 인해 행복의 문이 닫히게 될 수 있습니다.

나. 금융 교육의 중요성

금융적 스트레스를 해소하기 위해서는 금융 교육이 필수적입니다. 특히 중장년층은 가족을 떠나 혼자 살거나, 자녀의 교육 경비 등 여러 가지 부담을 안고 있습니다. 금융 교육을 통해 올바른 투자와 저축 방법을 습득하고, 금전적인 문제에 대처하는 기술을 키움으로써 금융적인 안정을 확보할 수 있습니다.

다. 금융적 스트레스 해결 전략

금융적인 스트레스를 해결하기 위해서는 실질적인 전략이 필요합니다. 금융적 자유를 추구하는 것뿐만 아니라, 금융적 리터러시를 향상시켜 위험을 최소화하고, 미래에 대한 대비책을 세우는 것이 중요합니다. 이를 통해 금융적인 안정을 확보하고 행복을 높일 수 있습니다.

제3항. 금융의 목표와 행복의 균형

가. 금융 목표의 본질

금융의 목표와 행복을 위한 노력 간에는 균형이 필요합니다. 물질적인 풍요만 추구하다 보면 금융적인 성공은 있을지 몰라도 내적인 행복은 찾기 어려울 수 있습니다. 따라서 금융 목표를 설정할 때, 그 목표가 개인의 가치와 목표와 얼마나 조화를 이루는지를 고려해야 합니다.

나. 금융 목표의 내적 의미

금융 목표를 달성하는 것이 왜 중요한지에 대한 내적 의미를 찾는 것이 필요합니다. 목표가 개인의 가치와 일치한다면, 그것을 통해 얻는 성취감과 만족감은 행복을 높일 것입니다. 금융 목표를 달성하면서도 삶의 여러 측면에서 행복을 찾을 수 있는 방법을 고민해 보는 것이 중요합니다.

다. 금융의 지속 가능성과 행복

또한, 금융 목표를 설정할 때는 그 지속 가능성을 고려해야 합니다. 지나치게 고된 금융 목표는 오히려 스트레스와 불안을 초래할 수 있습니다. 지속 가능하고 현실적인 목표를 세우고, 이를 향해 나아가는 과정에서 얻는 성취감은 행복과 깊은 연관이 있을 것입니다.

개인의 금융적 안정과 목표 달성은 행복을 찾는 과정에서 중요한 역할을 하며, 이를 효과적으로 관리하는 데에는 금융 교육과 실질적인 전략이 필수적입니다. 금융 목표의 다양성과 지속 가능성을 고려하여 행복의 풍요를 찾는 데에는 각자가 가진 가치와 목표에 맞게 균형을 찾는 것이 중요합니다.

제2절. 금융 안전망과 개인의 심리적 안정성

현대 사회에서 금융 안전망은 단순히 경제적인 안정만을 의미하는 것이 아니라, 개인의 심리적 안정성에도 심도 있는 영향을 미치고 있습니다. 특히 30-50대의 중장년층은 금융 안전망이 그들의 심리적 안정성에 어떤 영향을 미치는지에 큰 관심을 가지고 있습니다.

제1항. 금융 안전망의 중요성

가. 금융 안전망과 경제적 안정

금융 안전망은 우리의 경제적 안정뿐만 아니라, 개인의 심리적 안정성에도 미치는 영향이 큽니다. 금융 안전망이 구축되면, 이는 불확실한 경제 여건에서도 개인이 안정감을 유지할 수 있는 중요한 기반이 됩니다. 특히 중장년층은 가족을 떠나 혼자 살거나, 자녀의 교육 경비 등 여러 가지 부담을 안고 있어 경제적 안정은 그들에게 더욱 중요한 의미를 지닙니다.

나. 금융 안전망과 불안 요소 감소

금융 안전망은 생활의 다양한 측면에서 발생할 수 있는 불안 요소를 감소시킵니다. 예상치 못한 금전적인 문제로 인한 불안은 개인의 심리적 안정성을 크게 훼손시킬 수 있습니다. 금융 안전망이 마련되면 이러한 금전적인 스트레스를 완화시켜 주어, 심리적으로 더 안정된 삶을 살 수 있게 됩니다. 경제적인 부담에서 해방되면 개인은 더 큰 여유를 느끼게 되고, 이는 행복의 지속적인 요소로 작용할 것입니다.

제2항. 금융 안전망과 심리적 안정성

가. 금융 안전망과 스트레스 감소

금융 안전망은 개인의 스트레스 수준을 감소시킵니다. 금전적인 문제로 인해 발생하는 스트레스는 단순히 경제적인 부담뿐만 아니라, 정신적인 측면에서도 상당한 영향을 미칩니다. 금융 안전망이 마련되어 있다면 금전적인 문제에 대한 불안과 스트레스를 완화할 수 있습니다. 금융적인 위기에 대비한 안전망은 예기치 못한 상황에 대한 대비책으로 작용하여, 금전적인 스트레스를 최소화하고, 이로 인해 심리적인 안정성을 유지할 수 있습니다.

나. 금융 안전망과 자아 존중감

금융 안전망은 개인의 자아 존중감에도 긍정적인 영향을 미칩니다. 금전적인 문제로 인해 자아 존중감이 훼손되는 경우가 많습니다. 그러나 금융 안전망이 마련되면 자아 존중감이 향상되고, 개인은 더 긍정적이고 자신감 있는 삶을 살 수 있게 됩니다. 특히 중장년층은 가족을 지원하고 책임지는 데에 있어 금전적인 안정은 자아 존중감을 높이는 데에 중요한 역할을 합니다.

다. 금융 교육의 중요성

금융 안전망을 향상시키기 위해서는 금융 교육이 필수적입니다. 금융 교육은 개인이 금융 시스템의 동작 원리를 이해하고, 금융적인 위험에 대비하는 방법을 배우는 과정을 통해 금융 안전망을 더욱 강화할 수 있도록 돕습니다. 특히 중장년층은 이미 쌓인 금전 자산을 효과적으로 관리하고 더 나은 미래를 위한 금융적 계획을 세우는 데에 금융 교육이 중요한 역할을 합니다. 금융 교육을 통해 개인은 더 적극적으로 금융 안전망을 강화하며, 이는 심리적인 안정성을 향상시키는 데 기여할 것입니다.

금융 안전망은 개인의 경제적 안정과 더불어 심리적 안정성에 큰 영향을 미칩니다. 금융 안전망이 갖춰져 있으면 경제적인 위기에 대처할 수 있는 능력을 키우고, 금전적인 불안으로부터 개인을 보호하여 더 안정된 심리적 상태를 유지할 수 있게 됩니다. 뿐만 아니라, 금융 안전망은 금융 교육과 결합되어 더 나은 미래를 위한 계획을 세우는 기반을 마련하며, 개인의 행복과 번영을 지원하는 중요한 요소로 작용할 것입니다.

제3절. 금융 교육과 행복의 연계성

현대 사회에서는 금융 교육이 더 이상 선택이 아닌 필수적인 요소로 자리매김하고 있습니다. 특히 30-50대의 중장년층은 금융 교육이 개인의 금융적 안정과 행복에 미치는 영향에 대해 큰 관심을 가지고 있습니다.

제1항. 금융 교육의 중요성

가. 금융 교육과 금융 시스템 이해

금융 교육은 금융 시스템의 복잡성과 다양성에 대한 이해를 촉진합니다. 중장년층이 금융 시스템을 더 깊이 이해하면, 금융 거래에 더욱 명확한 시각으로 접근할 수 있으며, 그 결과로 더 나은 금융적 결정을 내릴 수 있게 됩니다. 금융 교육은 불투명한 금융 시스템 속에서 헤메이는 것을 방지하고, 자신의 금전을 효과적으로 관리할 수 있는 능력을 키우는 데 기여합니다.

나. 금융 교육과 금전적 위험 대비

금융 교육은 금전적인 위험에 대한 대비 능력을 키워 줍니다. 투자, 저축, 보험 등 다양한 금융 활동에서 발생할 수 있는 위험을 알고 이에 대비하는 것은 금전적인 불안을 감소시키고, 금융적으로 안정된 삶을 살 수 있도록 돕습니다. 중장년층은 가족의 안전을 위해 더욱 신중한 금전적 결정을 내리는 데에 금융 교육이 큰 역할을 합니다.

다. 금융 교육과 경제적 안정성

금융 교육은 중장년층의 경제적 안정성을 향상시킵니다. 적절한 투자와 재무 계획을 통해 개인의 재무 상태를 개선할 수 있는 기회를 제공함으로써, 경제적인 부담에서 해방되고, 미래에 대한 자신감을 키울 수 있게 합니다. 이는 긍정적인 행복의 요소로 작용할 것입니다.

라. 금융 교육과 가족적 행복

금융 교육은 가족 간의 금전적인 의사소통을 원활하게 합니다. 가족들 간에 금전 문제로 인한 갈등은 가족적인 행복을 저해하는 주요한 요인 중 하나입니다. 금융 교육은 가족 구성원들이 금전적인 목표를 공유하고, 효과적으로 협력하여 가족의 금융 안정성을 높일 수 있도록 돕습니다.

제2항. 금융 교육의 현실적 가치

가. 금융 교육과 삶의 질 향상

금융 교육은 중장년층의 삶의 질을 향상시킬 수 있는 중요한 요소입니다. 재무적으로 안정되고 효율적으로 자산을 관리하는 능력은 여가 생활의 만족도를 높이고, 다양한 경험을 즐길 여유를 제공합니다. 금융 교육을 통해 개인은 돈에 대한 걱정을 줄이고 보다 풍요로운 삶을 살 수 있게 됩니다.

나. 금융 교육과 목표 달성

금융 교육은 개인의 목표 달성에도 도움을 줍니다. 중장년층은 가족의 교육비, 주택 구매, 노후 계획 등 다양한 목표를 갖고 있습니다. 금융 교육을 받은 개인은 목표를 설정하고 그에 맞게 자산을 효과적으로 운용하여 목표 달성에 한 걸음 더 나아갈 수 있습니다.

다. 금융 교육의 접근성 향상

금융 교육의 적극적인 실천은 접근성을 향상시키는 것에서 시작됩니다. 중장년층이 금융 교육을 받기 위해서는 다양한 형태의 교육 자원에 쉽게 접근할 수 있어야 합니다. 정부, 금융 기관, 비영리 단체 등이 협력하여 금융 교육의 접근성을 높이는 노력이 필요합니다.

라. 개인의 금융 교육 참여 유도

뿐만 아니라, 개인 스스로도 금융 교육에 대한 참여를 적극적으로 모색해야 합니다. 자기 계발의 일환으로 금융 교육을 받는 것은 개인의 미래를 위한 투자로 이어질 것입니다. 중장년층은 이미 쌓인 경험과 지식을 바탕으로 금융 교육을 통해 보다 나은 미래를 계획하고 실현할 수 있습니다.

금융 교육은 중장년층의 경제적 안정성과 행복에 중요한 역할을 합니다. 이는 금융 시스템의 이해, 금전적인 위험 대비, 가족 간 금전적인 의사소통, 삶의 질 향상, 목표 달성 등 다양한 측면에서 나타납니다. 중장년층이 금융 교육에 적극적으로 참여하고, 이를 실천함으로써 개인의 행복과 안녕에 기여하는 길에 한 걸음 더 나아갈 것임을 기대해 봅니다.

제4절. 소비주의와 삶의 만족도

소비주의와 삶의 만족도 사이의 괴리는 현대 사회에서 고차원적인 문제로 대두되고 있습니다. 특히 30-50대의 중장년층은 소비의 중요성과 동시에 그로 인한 영향에 대해 심층적인 고찰을 하고 있습니다.

제1항. 소비주의의 긍정적 측면과 그 한계

가. 소비주의의 본질

먼저 소비주의를 정의하고 그 본질에 대해 이해하는 것이 필요합니다. 소비주의는 소비를 중심으로 한 가치체계로, 물질적 소비가 개인이나 사회의 행복과 만족을 도모한다는 이론입니다. 이는 물질적 성취가 더 높은 가치로 여겨지며, 개인과 사회의 성공과 행복의 원천으로 인식됩니다.

나. 소비주의와 삶의 만족도의 연계성

소비주의는 높은 수준에서의 물질적 소비가 더 높은 삶의 만족도를 가져온다고 주장합니다. 그러나 이는 양날의 검이 될 수 있습니다. 과도한 소비 경쟁과 비교심리는 삶의 만족도를 감소시킬 수 있습니다. 중장년층은 이러한 괴리를 인식하고 균형을 찾는 것이 중요합니다.

다. 경제 활성화와 소비주의

소비주의는 경제를 활성화시키는 긍정적인 면도 가지고 있습니다. 소비는 생산과 고용을 촉진하며 국가 및 지역 경제를 활기차게 만듭니다. 중장년층은 이러한 긍정적인 측면을 이해하고, 개인의 소비 행동이 경제에 미치는 영향을 고려해야 합니다.

라. 소비를 통한 자아 표현과 긍정적 효과

일부 중장년층은 소비를 통해 자아를 표현하고 긍정적인 효과를 얻고자 합니다. 특정 상품이나 경험을 통해 자신의 가치를 표현하는 것은 긍정적인 측면으로 작용할 수 있습니다. 소비를 통한 자아 표현은 삶의 만족도를 높일 수 있는 중요한 도구가 될 수 있습니다.

제2항. 소비주의의 부정적 영향과 균형 찾기

가. 소비 경쟁과 비교심리의 부정적 영향

하지만 소비주의가 지나치게 강조되면, 소비 경쟁과 비교심리로 이어질 수 있습니다. 다른 사람들과의 비교에서 오는 경쟁과 소비 압박은 삶의 만족도를 저하시킬 수 있습니다. 중장년층은 소비의 중요성을 깨달으면서도, 타인과의 비교에서 벗어나 개인의 가치와 만족을 중시해야 합니다.

나. 환경 파괴와 윤리적 고려의 필요성

과도한 소비는 자원 소모와 환경 파괴로 이어질 수 있습니다. 중장년층은 소비 행동이 지속 가능한지에 대해 고민해야 합니다. 소비의 환경적, 윤리적인 측면에서의 고려는 균형 있는 소비를 위한 필수적인 과정입니다.

다. 지속 가능한 소비 습관의 중요성

중장년층이 소비의 중요성을 깨닫는다면, 균형 있는 소비 습관을 갖는 것이 필요합니다. 지속 가능한 소비는 환경을 보호하면서도 삶의 만족도를 높일 수 있는 방법입니다. 중장년층은 소비 행동이 장기적인 시각에서 환경을 효과적으로 활용하는 데 도움이 되는지 고려해야 합니다.

라. 자기 가치와 동기 부여의 발견

중장년층은 소비를 통해 자신의 가치를 찾고 동기를 부여받을 수 있습니다. 소비는 물질적인 소비뿐만 아니라, 개인의 가치와 목표에 부합하는 경험과 제품을 통해 자아를 발견하고 강화하는 도구로 활용될 수 있습니다. 이는 삶의 만족도를 높이는 방향으로 이끌 수 있습니다.

소비주의와 삶의 만족도 간의 연계성은 복잡하고 다면적입니다. 중장년층이 소비의 중요성을 깨달으면서도, 균형을 맞추어야 합니다. 적절한 소비는 개인의 가치와 환경적, 윤리적 고려를 통해 조화롭게 이루어질 수 있으며, 이는 중장년층의 행복한 미래를 위한 길을 열어 갈 것임을 기대합니다.

제5절. 소비 패턴과 삶의 질

30-50대의 중장년층은 현대 사회에서 다양하게 나타나는 소비 패턴과 그에 따른 삶의 질의 변화에 직면하고 있습니다. 이번 절에서는 "소비 패턴과 삶의 질"에 대한 주제를 논리적이고 객관적으로 탐구하겠습니다.

제1항. 소비 패턴의 다양성과 영향

가. 소비의 본질과 다양성

소비 패턴은 각 개인이나 집단이 상품과 서비스를 어떻게 소비하는지를 나타내는 중요한 개념입니다. 그러나 이것은 단순히 물질적 소비에 그치지 않고, 문화, 가치관, 삶의 목표 등에도 영향을 받습니다. 30-50대 중장년층은 다양한 소비 패턴 중에서 어떤 방식으로 소비하며 그것이 삶에 미치는 영향을 고려해야 합니다.

나. 30-50대 소비의 특징적 경향

현대 사회에서 중장년층의 소비 트렌드는 디지털 기술의 발전과 더불어 동적으로 변화하고 있습니다. 이들은 온라인 소비, 지속 가능한 소비 등의 새로운 트렌드에 민감하게 반응하고 있습니다. 30-50대는 이러한 변화를 어떻게 받아들이고 자신만의 소비 패턴을 찾아 나갈지를 심도 있게 고민해야 합니다.

다. 소비의 질과 삶의 질의 상호 작용

소비의 질은 그 소비하는 상품과 서비스의 질뿐만 아니라, 소비 과정에서 어떤 경험을 얻는지에 따라 다르게 나타납니다. 이는 결국 삶의 질과 밀접한 연관이 있습니다. 중장년층은 어떤 소비 패턴이 개인의 삶의 질에 어떤 영향을 미치는지를 세심하게 고찰해야 합니다.

라. 소비의 양과 삶의 만족도의 미묘한 균형

소비의 양이 삶의 만족도에 미치는 영향은 중요한 고찰 대상입니다. 지나치게 많이 소비하는 것은 금전적인 부담을 초래할 수 있고, 이로 인해 스트레스와 불안을 야기할 수 있습니다. 중장년층은 소비의 양을 적절히 조절하여 삶의 만족도를 높이는 방법을 찾아야 합니다.

제2항. 소비의 사회적 영향과 윤리적 고려

가. 소비의 사회적 영향력

소비는 개인의 선택에 그치지 않고, 사회 전체에 큰 영향을 미칩니다. 중장년층은 특정한 상품이나 브랜드를 선호함으로써 해당 산업이나 브랜드의 성장에 기여할 수 있습니다. 이러한 소비의 사회적 영향력을 인식하고, 자신의 소비가 사회에 미치는 영향을 고려하는 것이 필요합니다.

나. 윤리적 소비와 지속 가능성

지속 가능한 소비는 현대 사회에서 더욱 중요한 주제로 부각되고 있습니다. 중장년층은 소비 선택 시 환경적, 윤리적 고려를 반영하여 미래 세대를 위한 긍정적인 영향을 남길 수 있습니다. 지속 가능한 소비로 인한 긍정적인 변화를 추구하는 것이 중요합니다.

다. 자기 가치와 일치하는 소비 찾기

소비 패턴을 결정할 때 중장년층은 자기 가치와 일치하는 소비를 찾는 것이 핵심입니다. 자신의 욕구와 목표에 부합하는 소비가 삶의 질을 향상시킬 수 있습니다. 중장년층은 자기 가치에 충실하면서도 현실적으로 소비를 선택해 나가야 합니다.

라. 소비의 다양성과 역량 개발

소비의 다양성은 중장년층이 여러 측면에서 개인적인 역량을 발전시키는 중요한 기회를 제공합니다. 다양한 경험과 소비는 새로운 역량의 개발을 촉진하고, 이는 삶에 활력을 불어넣는 역할을 합니다. 중장년층은 자기 계발을 위해 소비를 다양화시키는 방법을 모색해야 합니다.

소비 패턴과 삶의 질은 끊임없이 상호 작용하며 변화합니다. 중장년층은 이러한 관계를 논리적으로 이해하고, 자신의 소비 선택이 어떻게 삶의 질에 영향을 미치는지를 심도 있게 고민해야 합니다. 균형 있는 소비와 자기 가치에 기반한 소비로 중장년층은 더 나은 삶의 질을 창출할 수 있을 것입니다.

제6절. 소비주의의 함정과 번영의 균형

30-50대의 중장년층은 현대 사회에서 소비주의의 영향을 깊이 경험한 세대로, 소비와 번영의 균형을 찾는 과정에서 고려해야 할 다양한 측면이 존재합니다.

제1항. 소비주의의 부상과 함정

가. 소비주의의 정의와 특징
소비주의란 소비를 중시하고 홍보하는 사회적인 가치체계를 의미합니다. 특히 중장년층은 이러한 소비주의적 가치들이 그들의 삶에 큰 영향을 미치고 있습니다. 물질적 풍요와 소비의 즐거움이 번영과 직결된 것이 그 대표적인 사례입니다.

나. 소비주의의 함정
그러나 소비주의에는 함정이 존재합니다. 지속적인 소비 압박, 일시적인 만족감, 자원 소모의 증가 등이 그 예시로 들 수 있습니다. 중장년층은 이러한 함정에서 벗어나 번영을 찾기 위해 노력해야 합니다.

다. 소비목표의 설정
자신만의 소비목표를 설정하는 것은 중장년층이 소비에 효과적으로 접근하는 첫걸음입니다. 소비에 목적을 부여하고 명확한 목표를 향해 나아가면서, 함정을 피하고 번영을 찾을 수 있습니다. 목표 설정은 소비의 방향성을 제시하고 행복의 실현을 위한 원동력이 됩니다.

제2항. 지속 가능한 소비와 번영의 조화

가. 환경적 고려와 윤리적 소비

지속 가능한 소비는 환경적 고려와 윤리적인 소비를 의미합니다. 중장년층은 소비 선택에 있어서 환경 영향과 윤리적 책임을 고려하여 지속 가능한 소비로 번영을 추구할 수 있습니다. 자신의 소비가 지구 환경에 미치는 영향을 고려하면서 삶의 의미를 더 깊게 체험할 수 있습니다.

나. 소비의 다양성과 창의성

소비의 다양성은 중장년층이 여러 측면에서 개인적인 역량을 발전시키는 중요한 기회를 제공합니다. 다양한 경험과 활동을 통해 창의성을 발휘하면서, 소비주의의 함정을 피하고 자기 계발과 성장을 이룰 수 있습니다. 다양한 소비 경험을 통해 새로운 지식과 기술을 습득하고 창의적인 문제 해결 능력을 키울 수 있습니다.

다. 자기 관리와 금융의 균형

자기 관리는 번영과 금융의 균형을 이루는 핵심입니다. 예산을 잘 관리하고 적절한 투자 결정을 내리면서, 중장년층은 금융적인 안정을 확보하면서 소비의 즐거움을 느낄 수 있습니다. 자기 관리를 통해 금융 목표를 달성하고, 금전적인 걱정 없이 풍요로운 미래를 기대할 수 있습니다.

제3항. 소비와 번영의 통합

가. 소비의 의미 재정립

중장년층은 소비에 대한 의미를 다시 정립해야 합니다. 단순한 소비만으로는 번영을 이룰 수 없습니다. 자신의 소비가 주는 가치를 도출하고, 긍정적인 영향을 주는 소비에 주안점을 두어야 합니다. 소비의 목적을 명확히 하고, 자기 자신과 사회에 긍정적인 변화를 가져올 수 있는 소비를 추구해야 합니다.

나. 행복의 측정과 지속적인 번영

최종적으로, 중장년층은 행복을 어떻게 측정하고 지속적인 번영을 추구할지를 고민해야 합니다. 행복은 단순한 소비만으로는 얻을 수 없는 복합적인 개념입니다. 번영은 단기적인 소비 만족이 아니라, 지속적인 삶의 만족과 균형을 의미합니다. 중장년층은 자신의 가치관과 목표에 맞는 행복의 정의를 찾고, 이를 실현하기 위해 계획을 세우고 실행해야 합니다.

소비주의의 함정에서 벗어나 번영과 균형을 이루는 것은 중장년층에게 주어진 중요한 과제입니다. 이성적인 소비 관리, 지속 가능한 소비, 금융적인 지혜의 활용은 번영의 핵심 원리입니다. 중장년층이 소비와 금융을 지혜롭게 통합하면서 뜻깊은 삶을 살아가길 바랍니다.

제7절. 물질주의와 삶의 만족도

물질주의와 삶의 만족도 사이의 깊은 관계는 현대 사회에서 지속적으로 논의되고 있습니다. 물질적 풍요의 중요성과 그것이 삶에 미치는 영향에 대한 이해는 우리의 가치관과 삶의 방향을 결정하는 데에 큰 영향을 미칩니다. 이번 절에서는 물질주의와 삶의 만족도 간의 관계를 깊이 파고들어, 논리적이고 객관적인 시각을 통해 이에 대한 다양한 측면을 탐구하고자 합니다.

제1항. 물질주의의 함정과 현실

가. 물질주의의 본질과 함정

물질주의는 물질적 성취와 소비에 대한 강조를 통해 삶의 성공을 측정하는 성향을 의미합니다. 그러나 이는 종종 숨겨진 함정을 내포하고 있습니다. 중장년층이 이에 빠져 자신의 삶을 단순한 물질적 이익만으로 평가하는 경우가 많습니다.

나. 물질적 성취와 삶의 만족 간의 괴리

물질적 성취와 삶의 만족은 항상 일치하지 않는 법입니다. 증가하는 소득이나 물질적 향상만으로는 진정한 삶의 만족을 얻기 어렵다는 현실을 명심해야 합니다. 중장년층은 이러한 괴리를 인식하고 실제로 무엇이 삶을 더 풍요롭게 하는지를 고민해야 합니다.

다. 소비의 목적에 대한 재고찰

중장년층은 소비에 대한 목적을 다시 한번 고찰해야 합니다. 돈을 쓰는 행위가 물질적 즐거움만을 위한 것인지, 아니면 보다 깊은 의미와 연결되어 있는지를 심층적으로 생각해야 합니다. 돈을 쓸 때, 그에 따른 만족도와 행복을 충분히 고려해야 합니다.

라. 물질적 즐거움과 번영의 밸런스

물질적 소비와 번영은 서로 긴밀한 관련이 있습니다. 그러나 물질적인 소비만으로는 진정한 번영을 이룰 수 없습니다. 중장년층은 소비의 목적을 재정립하고, 물질적 즐거움을 어떻게 정의하고 균형을 이룰지를 심도 있게 고민해야 합니다.

제2항. 소비의 지혜와 물질적인 만족

가. 현명한 소비의 필요성

중장년층은 소비에 지혜를 도입해야 합니다. 소비는 물질적인 만족만을 추구하는 것이 아니라, 보다 깊은 의미와 연결되어야 합니다. 소비 결정에는 현명함과 고려가 필요하며, 이는 단순한 물질적 만족을 넘어 심적인 충족과 긍정적인 영향을 가져다줄 것입니다.

나. 물질적 만족과 정서적 안정성의 조화

물질적인 만족은 종종 정서적 안정성과 연관이 있습니다. 중장년층은 물질적 소비를 통해 자신의 정서적 안정성을 찾아가고, 이를 통해 더 높은 삶의 만족도를 달성할 수 있습니다. 소비의 결과로 얻는 정서적인 만족을 강조하는 것이 중요합니다.

다. 소비 패턴의 변화와 가치 재평가

소비 패턴의 변화는 중장년층이 자신의 가치와 우선순위를 다시 평가하고 재조정하는 계기가 될 수 있습니다. 물질적 향상 외에도 소비는 가치 있는 관계를 형성하고, 사회적 상호 작용을 통해 더 큰 만족을 얻을 수 있습니다.

라. 물질적 향수의 한계와 극복

물질적 향수에 사로잡힌 중장년층은 그 한계를 극복해야 합니다. 번영을 찾기 위해서는 물질적 성취에만 의지하지 않고, 보다 깊은 내적 가치와 목표를 찾아가야 합니다. 물질적 향수와 정신적인 만족 간의 균형을 찾는 것이 필요합니다.

마. 물질과 정신의 균형을 향한 노력

중장년층은 물질적 향수와 정신적인 만족 간의 균형을 찾아가야 합니다. 번영은 물질적 성취뿐만 아니라, 정신적인 안정과 균형에서 비롯됩니다. 자신이 원하는 삶의 방식과 목표에 맞춰 균형을 찾아가는 것이 중요합니다.

물질주의와 삶의 만족도 사이의 관계는 복잡하고 다양합니다. 중장년층은 물질적인 소비에 지혜를 더하고, 정서적 안정성과의 균형을 찾기 위해 노력해야 합니다. 또한, 소비의 목적을 통해 가치 있는 관계를 강화하고, 물질과 정신의 균형을 이루며 번영을 찾아가길 바랍니다.

제3장

환경의 경제학

제1절. 경제적 행복의 생태학적 해석

인간은 끊임없는 삶의 변화 속에서 행복을 찾고자 합니다. 특히 30-50대의 세대는 가족, 직장, 그리고 자아실현에 대한 고민으로 경제적인 압력을 느낍니다. 이번 절에서는 환경과 경제의 상호관계부터 시작하여 지속가능한 소비, 지역 사회의 연계, 그리고 행복과 지속 가능성의 조화까지를 논의하고자 합니다.

제1항. 환경과 경제의 상호관계

가. 환경과 경제의 상호관계: 생태학적 시각

경제적 행복을 실현하기 위해서는 우리가 살고 있는 환경과의 균형을 맞추어야 합니다. 이는 생태학적 시각에서 경제를 바라봄으로써 가능합니다. 환경은 우리의 경제적 활동에 영향을 미치며, 경제는 환경을 모양 짓습니다. 이러한 인간과 자연 사이의 조화는 단순한 경제적 이익뿐만 아니라, 우리의 행복과도 직결된다는 것을 이해해야 합니다.

나. 소비의 지속 가능성과 행복

소비는 우리의 일상에서 떼어 놓을 수 없는 중요한 요소입니다. 그러나 무분별한 소비는 환경 파괴를 야기할 뿐만 아니라, 장기적인 행복에도 도움이 되지 않습니다. 지속 가능한 소비 패턴을 탐색하고, 소비의 품질을 고려하는 시각은 우리가 행복을 추구하는 동시에 지구의 지속 가능성을 고려할 수 있게 해 줍니다. 우리의 소비 습관이 지속 가능성을 기반으로 한다면, 우리는 미래를 위한 투자를 하는 셈이며, 이는 결국 행복으로 이어질 것입니다.

다. 삶의 질과 환경의 조화

경제적 행복은 물질적 풍요만으로만 측정되지 않습니다. 오히려, 삶의 질과 환경의 조화가 조화롭게 어우러져야 진정한 행복을 누릴 수 있습니다. 환경을 고려한 삶은 우리 자신뿐만 아니라 지구에게도 긍정적인 영향을 미칩니다. 자연을 존중하고 보호하는 태도는 우리의 마음에 평화를 안겨 주며, 이는 곧 행복으로 이어집니다.

제2항. 행복과 지속 가능성의 상호관계

가. 공유경제와 지역 사회와의 협력을 통한 지속 가능성

공유경제는 경제적 행복과 지속 가능성을 동시에 실현할 수 있는 대안 중 하나입니다. 자원의 공유와 지역 사회 간의 협력은 지속 가능한 경제 모델을 구축하는 데 기여합니다. 물질적 소유에 강조를 두는 것이 아니라, 자원의 효율적인 활용과 지역 사회 간의 상생적인 관계를 강조함으로써,

우리는 지속적으로 발전하는 경제와 행복한 지역 사회를 만들어 갈 수 있습니다.

나. 환경 교육과 지속 가능한 가치관 구축

경제적 행복을 추구할 때 환경 교육과 인식 확대는 필수적입니다. 우리는 환경의 가치를 이해하고, 그에 따른 개인적 책임과 역할을 인식해야 합니다. 환경 교육은 우리가 어떻게 소비하고 살아가는지에 대한 인식을 바꾸는 기회를 제공합니다. 이는 우리의 행동이 지속 가능성을 반영하도록 이끌어 주어, 개인의 행복과 지구의 행복을 동시에 실현할 수 있게 합니다.

다. 행복과 지속 가능성의 상생

행복과 지속 가능성은 서로 긴밀하게 얽혀 있는 개념입니다. 단기적인 이익이 아닌, 장기적이고 지속적인 관점에서 행복을 추구하는 것이 중요합니다. 지속 가능성을 바탕으로 한 긍정적인 행동이 행복을 이끌어 내고, 이는 결국 우리의 삶에 깊은 만족감을 부여할 것입니다. 행복과 지속 가능성을 상생시키는 과정에서 우리는 더 나은 미래를 향한 통합적인 노력을 기울여야 합니다.

경제적 행복의 생태학적 해석은 우리의 삶을 둘러싼 환경과의 조화를 강조합니다. 지속 가능성과 환경 보호, 소비의 패턴 조절 등 다양한 측면에서 생태학적 시각을 갖추는 것이 필요합니다. 개개인의 삶에서부터 지역 사회, 국가적 차원까지 함께 노력한다면, 행복한 미래는 더 가까워질 것입니다. 생태학적인 안목으로 우리의 행복을 키우는 여정에 동참하며,

미래 세대에게 더 나은 세상을 전하고자 하는 우리의 희망과 노력이 필요
합니다.

제2절. 생태계와 행복의 연계성

우리의 삶은 복잡하고 미묘한 상호 작용의 연속체입니다. 특히나 30-50대의 세대는 가족, 직장, 개인적인 성취를 균형 있게 유지하려는 압박 속에서 경제적인 고민을 안고 살아가고 있습니다. 이러한 맥락에서 "생태계와 행복의 연계성"은 우리가 주변 자연과 어떻게 조화를 이루며 더 나은 행복을 찾아갈 수 있는지에 대한 깊은 고민을 촉발합니다. 이번 절에서는 생태계와 행복 간의 연계성을 보다 명료하게 이해하고, 지속 가능한 행복을 위한 방안들에 대해 체계적으로 논의하고자 합니다.

제1항. 자연친화적 삶의 중요성

가. 생태계의 다양성과 행복의 조화

우리는 자연스럽게 생태계가 지닌 다양성과 풍요로움 속에서 행복을 찾아갈 수 있습니다. 생태계는 각기 다른 종들이 조화롭게 공존하며 균형을 이루는 자연의 거울입니다. 마찬가지로, 우리의 삶에서도 각종 경험과 다양한 관계를 통해 풍요로움을 찾을 수 있습니다. 생태계의 다양성을 존중하고 이를 우리의 삶에 반영한다면, 행복의 깊이 있는 여정을 떠날 수 있을 것입니다.

나. 지속 가능한 소비와 생태계 보호

우리의 소비 습관이 미치는 영향은 더 이상 무시할 수 없는 중요성을 가지고 있습니다. 소비하는 물건과 서비스는 직접적으로 자연의 자원을 소모하며, 이는 생태계에 영향을 미칩니다. 그러나 우리가 지속 가능한 소비 습관을 갖게 된다면, 이는 생태계를 보호하고 보존하는 긍정적인 순환을 만들어 낼 것입니다. 소비의 선택에 책임감을 가지고, 환경친화적인 제품과 서비스를 선호한다면 우리의 소비 행위가 지구에 긍정적인 영향을 끼치게 될 것입니다.

다. 자연과의 조화에서 찾는 행복

우리는 자연과 어우러져야만 진정한 행복을 찾을 수 있습니다. 자연친화적인 삶을 살면서 우리의 삶은 자연의 흐름에 조화롭게 맞닿게 됩니다. 산책, 자연 감상, 그리고 지속적인 환경 교육을 통해 우리는 자연과의 조화를 경험하며 행복을 찾아갈 수 있습니다. 이는 우리의 일상에 의미 있는 순간들을 더욱 빈번히 창출할 수 있게 합니다.

제2항. 생태계의 안정성과 행복의 상호관계

가. 생태계의 안정성과 개인의 안정성

생태계의 안정성과 개인의 안정성은 서로 밀접한 연관성을 가지고 있습니다. 우리의 안전과 안정성은 우리 주변 환경과의 조화로운 상호의존적인 관계에 크게 의존합니다. 생태계의 불안정은 우리의 삶에 불안과 불안정을 초래할 수 있습니다. 그러므로 생태계를 보호하고 안정성을 유지하는 것은 우리 개인의 안정성과 행복을 위해 핵심적인 요소입니다.

나. 생태계의 회복력과 우리의 삶

생태계는 놀라운 회복력을 가지고 있습니다. 화재, 홍수 등의 자연재해에도 생태계는 자기 회복의 능력을 보여 줍니다. 이러한 특성은 우리에게 어려움과 도전이 찾아와도 회복력을 키우고 극복하는 힘을 부여해 줄 것입니다. 우리 또한 자연에서 배운 이 회복력을 통해 어려움을 극복하고 성장할 수 있습니다.

다. 지속 가능한 라이프스타일과 행복

우리의 삶이 미치는 환경적 영향을 고려하고, 지속 가능한 라이프스타일을 채택한다면 우리는 미래를 향한 긍정적인 방향으로 나아갈 수 있습니다. 환경에 미치는 영향을 적극적으로 고려하면서 소비 패턴을 조절하고 생활 습관을 개선한다면 우리는 더 나은 미래를 향한 첫걸음을 내디딜 수 있을 것입니다.

"생태계와 행복의 연계성"을 통해 우리는 자연과 어떻게 조화를 이루며 행복을 찾아갈 수 있는지를 명확히 이해했습니다. 생태계의 다양성과 안정성, 지속 가능한 소비, 그리고 회복력은 우리의 삶에 큰 영향을 끼칩니다. 우리는 단순히 개인적인 행복뿐만 아니라, 미래 세대에게도 지구를 풍요롭게 남겨야 할 책임이 있습니다. 생태계와 함께하는 행복한 여정은 우리의 삶에 더 큰 의미를 부여할 것입니다.

제3절. 사회적 웰빙과 환경의 조화

우리는 현대사회에서 고도로 복잡한 과제에 직면하고 있습니다. 특히 30-50대의 세대는 가족과 일, 그리고 환경과의 조화를 통해 균형을 찾으려 노력하고 있습니다. 이런 맥락에서 "사회적 웰빙과 환경의 조화"는 우리의 삶과 지구의 미래에 대한 고찰이 필요한 중요한 주제입니다. 이번 절에서는 지속 가능한 사회적 웰빙과 환경 보호가 어떻게 상호 작용하며, 이를 통해 우리가 창출할 수 있는 긍정적인 변화에 대해 논의해 보겠습니다.

제1항. 사회적 웰빙의 다양성

가. 지속 가능한 소비의 중요성과 영향

우리의 소비 습관은 환경과 사회적 웰빙에 미치는 영향이 큽니다. 일상적인 소비 결정이 지구의 자원 소모와 환경 파괴에 직결되기 때문입니다. 그러나 소비에 지속 가능성을 더하면, 이는 생태계와의 조화를 이루며 환경을 지키는 긍정적인 연쇄 작용을 만들어 냅니다. 지속 가능한 소비는 우리가 사용하는 제품과 서비스에 대한 책임을 가지게 하며, 이는 사회적 웰빙을 개선하는 일환으로 작용합니다.

나. 녹색 기업과 일자리의 창출

환경 보호와 일자리 창출은 상호 보완적인 목표입니다. 녹색 기업은 친환경 기술과 혁신을 통해 새로운 일자리를 창출하면서, 동시에 지속 가능한 발전의 핵심이 됩니다. 이러한 기업들은 환경 문제에 대한 해결책을 제공하고, 이를 통해 지구의 미래를 책임지고 있습니다. 녹색 기업의 성장은 일자리 창출뿐만 아니라, 사회적 웰빙과 환경 보호의 기준을 제시하는 역할을 하고 있습니다.

다. 도시 계획의 혁신과 사회적 웰빙

도시는 우리의 삶에서 중요한 역할을 하며, 도시 계획의 혁신은 사회적 웰빙을 향상시키는 핵심입니다. 녹지공간의 보전, 대중교통 시스템의 향상, 친환경적인 건축 등은 도시에서의 삶의 질을 향상시키고, 사회 구성원들의 행복을 촉진합니다. 도시가 환경친화적으로 발전하면, 이는 도시에서 사는 이들의 일상적인 경험을 개선하면서 동시에 지구의 자원을 보호하는 효과를 가져옵니다.

제2항. 사회적 웰빙과 환경 보호의 상호관계

가. 교육과 환경 보호

교육은 미래 세대에게 지구 환경의 가치를 가르치는 데에 있어 중요한 역할을 합니다. 환경 보호에 대한 교육은 환경 문제에 대한 이해를 높이고, 미래 세대가 더 나은 선택을 할 수 있도록 지원합니다. 교육을 통해 얻게 되는 환경적 지식과 인식은 사회적 웰빙을 향상시키는 데 큰 기여를 합니다. 미래 세대가 환경 책임과 지구의 보호를 중시하는 가치관을 형성하면, 사회 전체가 지속 가능한 웰빙을 추구할 수 있을 것입니다.

나. 사회적 책임 경영과 공정한 분배

기업이 사회적 책임을 다하고 수익을 공정하게 분배하는 것은 지속 가능한 웰빙을 위해 필수적입니다. 사회적 책임 경영은 기업이 이해관계자들과의 상호 작용을 통해 지속 가능한 가치를 창출하는 것을 의미합니다. 또한 수익의 공정한 분배는 사회적인 불평등을 줄이고, 사회 전반의 웰빙을 높이는 데 기여합니다.

다. 대중 참여를 통한 변화

지속 가능한 웰빙과 환경 보호를 위해서는 대중의 참여가 필수적입니다. 지속 가능한 소비 교육과 환경 보호 활동은 대중이 일상에서 실천 가능한 방법을 제시합니다. 환경을 위한 소소한 노력이 모여 큰 변화를 이끌어 내면, 이는 우리의 삶의 질을 향상시키고 지구의 미래를 지키는 방향으로 나아가게 될 것입니다.

"사회적 웰빙과 환경의 조화"는 우리가 미래를 향해 걸어가는 길에서 중요한 과제입니다. 우리의 선택과 행동이 환경에 미치는 영향을 심각하게 고려하고, 사회적 웰빙과 환경 보호에 기여할 수 있는 방법을 찾아 나가는 것이 필요합니다. 지속 가능한 소비, 녹색 기업의 지지, 도시 계획의 혁신, 교육의 중요성, 사회적 책임 경영, 대중의 참여는 우리가 조화로운 미래를 향해 나아갈 수 있는 길입니다. 이러한 노력들이 모여야만 우리는 더 나은 세상을 만들어 갈 수 있을 것입니다. 지속 가능한 미래를 위한 조화로운 발전이 우리의 삶과 사회적 웰빙을 함께 높이는 열쇠일 것입니다.

제4절. 녹색경제

우리는 새로운 세기를 맞아 급속한 경제 발전과 함께 더 많은 자원 소비와 환경 파괴로 인한 문제들을 마주하고 있습니다. 특히, 30-50대의 세대는 이러한 문제들에 대한 해결책을 찾고, 미래를 위한 지속 가능한 방향으로 나아가야 합니다. "녹색경제"는 이러한 과제에 대한 현명한 대안으로 떠오르고 있습니다.

제1항. 녹색경제의 중요성

가. 녹색경제의 필요성과 도전 과제

우리가 현재 직면하고 있는 환경 문제는 그 규모와 심각성에서 무시할 수 없는 수준에 이르고 있습니다. 이에 대응하기 위해 녹색경제가 부각되고 있는데, 이는 환경 보전과 경제 개발 사이에서 균형을 찾는 핵심적인 도구로 인식되고 있습니다. 그러나 이를 실현하기 위해서는 다양한 도전 과제에 대한 대안을 찾아야 합니다.

나. 자원 효율성과 녹색 기술의 접목

녹색경제는 먼저 자원 효율성의 개념을 강조합니다. 자원의 지속 가능한 활용은 녹색경제의 핵심 가치 중 하나로, 우리가 소비하는 자원의 양을 최소화하고 재생 가능한 에너지와 자원을 적극적으로 활용하는 것을 목표로 합니다. 이를 위해 녹색 기술의 접목은 산업과 기술의 발전에서 나타나는 환경 문제에 대한 해결책으로 주목받고 있습니다.

다. 농업과 식량 생산의 지속 가능한 모델

녹색경제는 농업과 식량 생산에도 적용되어 지속 가능한 방향으로의 전환을 촉진하고 있습니다. 생태계의 보전과 함께 농업의 지속 가능성은 환경과 농업 생산성 간의 상호 작용을 통해 실현됩니다. 유기농법, 친환경적인 재배 기술의 도입, 그리고 지역적 특성을 고려한 농업 모델의 정착은 식량 생산과 환경 보호의 균형을 찾는 중요한 요소입니다.

라. 도시화와 건축의 녹색 전환

도시화의 진행과 함께 건축 및 도시 계획도 녹색경제의 영향을 받고 있습니다. 녹색 건축은 친환경적인 재료와 에너지 효율성을 강조하여 건물의 영향을 최소화합니다. 도시 계획의 측면에서는 대중교통의 개선과 녹지공간의 보전을 통해 도시에서의 삶의 질을 높이고, 동시에 지속 가능한 도시 환경을 조성하는 방향으로 나아가고 있습니다.

제2항. 녹색경제 실현 전략

가. 교육과 환경 의식의 상승

환경 문제에 대한 교육은 녹색경제의 핵심 요소 중 하나입니다. 미래 세대에게 환경 의식을 심어 주는 것은 녹색 경제의 원칙을 사회 전반에 퍼뜨리는 중요한 역할을 합니다. 교육을 통해 얻게 되는 환경적 지식과 의식은 미래의 사회 구성원들이 더 나은 선택을 할 수 있도록 지원하고, 지속 가능한 미래를 향한 기반이 됩니다.

나. 민주주의적 과정과 정책의 중요성

녹색경제의 실현은 민주주의적인 과정과 정책 수립의 필요성을 강조합니다. 시민들의 참여와 의식이 변화함에 따라, 정책 제정이나 기업의 책임 경영 등이 지속 가능한 미래를 위한 중요한 결정 요인이 됩니다. 녹색경제는 개인 차원에서의 노력과 사회 전반의 변화가 상호 보완적으로 이루어져야 한다는 원칙을 제시하고 있습니다.

다. 녹색경제의 현실적인 도전과 협력의 중요성

우리가 진정한 지속 가능성을 추구하려면 녹색경제에는 여전히 많은 도전이 남아 있습니다. 이러한 도전에 대처하기 위해서는 새로운 협력 모델과 창의적인 접근이 필요합니다. 정부, 기업, 시민들 간의 협력을 통해, 녹색경제의 이상적인 실현이 가능할 것입니다.

환경 보전과 경제 개발 사이에서의 균형은 지구의 생태계를 지속 가능하게 유지하면서도 경제적 발전을 이루는 데에 있어 중요한 원칙입니다. 녹색경제는 이러한 비전을 실현하기 위한 중요한 도구로, 우리가 새로운 세대에게 더 나은 세계를 물려줄 수 있는 길이 될 것입니다. 어려운 도전에도 불구하고, 녹색경제의 가치와 원칙을 따르며 협력하는 노력이 우리의 비전을 실현하는 데에 결정적인 역할을 할 것입니다.

제5절. 녹색 성장과 행복의 연관성

새로운 세기에 우리는 지속 가능한 미래를 위한 길을 모색하고 있습니다. 특히, 30-50대의 세대는 이러한 미래를 향한 고민 속에서 환경 문제와 행복의 연관성에 주목하고 있습니다. 그리고 그 중심에 녹색 성장이 떠오르고 있습니다. 이번 절에서는 녹색 성장이 어떻게 행복과 연관되어 있는지, 그 중요성과 긍정적인 영향을 파헤쳐 보며, 우리의 미래에 대한 전망을 살펴보겠습니다.

제1항. 녹색 성장의 중요성

가. 녹색 성장의 개념

우리가 처한 현대 사회에서 녹색 성장은 필수적인 요구 사항으로 부상하고 있습니다. 경제의 발전과 동시에 지속 가능한 환경을 유지하는 것은 우리의 미래를 위한 핵심 과제 중 하나입니다. 녹색 성장은 이러한 과제에 대한 현명한 대안으로써 주목받고 있으며, 자원의 효율적인 활용과 환경 보호를 동시에 추구하는 개념입니다.

나. 환경 보호와 행복의 공존

녹색 성장은 환경 보호와 행복의 공존을 목표로 합니다. 환경을 보호함으로써 우리는 미래 세대에 더 나은 환경을 전하고, 또한 현재 세대의 행복과 삶의 질을 향상시킬 수 있습니다. 이는 일종의 상생적인 발전 방향으로, 환경 문제에 대한 책임을 다하면서도 우리의 삶에 긍정적인 영향을 가져올 것으로 기대됩니다.

다. 일자리 창출과 경제적 안정성

녹색 성장은 일자리 창출과 경제적 안정성 측면에서도 긍정적인 효과를 미칩니다. 친환경 산업의 성장과 함께 새로운 일자리가 창출되면서, 이는 경제적 안정성을 높이는 한편 사회적 웰빙에도 기여합니다. 따라서 녹색 성장은 오직 환경 보호뿐만 아니라, 경제적인 측면에서도 높은 효과를 가지고 있습니다.

라. 친환경 기술과 혁신의 주도

녹색 성장은 친환경 기술과 혁신의 주도하에 발전합니다. 친환경 기술은 기존의 환경 부담을 줄이면서도 경제적 가치를 창출하는 역할을 합니다. 이러한 기술과 혁신의 도입은 녹색 성장의 토대를 마련하고, 미래에 걸친 지속 가능한 발전을 촉진합니다.

제2항. 녹색 성장 구현 전략

가. 소비자 의식과 녹색 소비의 확산

녹색 성장은 소비자 의식의 변화를 촉진하고 있습니다. 소비자들은 환경을 고려한 제품과 서비스에 대한 수요를 증가시키고 있습니다. 기업들은 이에 부응하기 위해 친환경 제품을 제공하며, 녹색 성장을 더욱 가속화하고 있습니다.

나. 지역 사회와의 상생 모델

녹색 성장은 지역 사회와의 상생 모델을 강조합니다. 각 지역의 특성과 필요에 맞게 맞추어진 녹색 성장은 그 지역의 경제적 발전을 촉진하면서 지역 사회와의 조화를 이룰 수 있는 방안을 제시합니다. 이러한 모델은 지속 가능한 지역 사회의 기반이 될 수 있습니다.

다. 교육과 환경 의식의 상승

교육은 녹색 성장을 실현하기 위한 중요한 요소 중 하나입니다. 높아지는 환경 의식은 녹색 성장을 향한 개인과 기업의 참여를 높이고, 환경 문제에 대한 인식을 확산시킵니다. 교육을 통해 환경적 지식과 의식을 높이면, 지속 가능한 미래를 위한 토대를 마련할 수 있습니다.

환경 보호와 경제 발전, 그리고 사회적 행복은 녹색 성장을 통해 서로 얽혀 있으며, 녹색 성장은 이러한 연관성을 강조하고 있습니다. 더 나은 미래를 위해 우리는 녹색 성장의 지평을 향해 나아가고, 지속 가능한 발전과 행복의 길을 모색해 나가야 합니다.

제6절. 순환경제

새로운 세기에 우리는 과거의 패러다임을 뛰어넘어 지속 가능한 미래를 위한 길을 모색하고 있습니다. 이러한 여정의 중심에 있는 개념이 바로 "순환경제"입니다. 이번 절에서는 순환경제가 어떻게 우리에게 지속적 행복의 길을 제시하고 있는지, 그 중요성과 긍정적인 영향을 살펴보며, 미래에 대한 희망찬 전망을 그려 보겠습니다.

제1항. 순환경제의 중요성

가. 자원의 지속적 활용

순환경제는 자원의 무한한 활용을 넘어서, 자원의 지속적 활용을 중심으로 합니다. 지구의 자원은 한정되어 있으며, 현대 사회에서의 낭비와 소비는 우리를 비상식적인 소비문화에 이끌었습니다. 순환경제는 이러한 문제에 대한 대안으로써, 자원의 소비를 최소화하고 사용한 자원을 최대한으로 되살려 새로운 가치를 창출합니다. 이를 통해 우리는 한정된 자원을 효율적으로 사용하면서도 행복과 만족을 동시에 추구할 수 있는 길을 모색하고 있습니다.

나. 자원의 절약과 새로운 가치의 창출

순환경제는 자원의 절약과 새로운 가치의 창출을 통해 지속적인 행복을 추구합니다. 일회용 사회의 흐름을 벗어나 재사용과 재생을 강조함으로써, 우리는 한 자원을 여러 차례에 걸쳐 사용할 수 있게 됩니다. 이는 자연히 경제적 가치를 높이면서 지속적인 가치 창출의 방향으로 이끌어집니다. 지속 가능한 삶은 곧 경제적 안정성과 더불어 행복과 만족을 동시에 얻을 수 있는 길임을 보여 줍니다.

다. 미래 세대를 위한 지속 가능성과 생태계의 보전

순환경제는 미래 세대를 위한 지속 가능성과 생태계의 보전에 기여합니다. 현재의 소비와 생산 방식은 지구 환경에 큰 악영향을 끼치고 있습니다. 순환경제는 이에 대한 해법으로, 자원의 소비를 줄이고, 사용한 자원을 되살려 새로운 가치를 창출하면서도 생태계를 보전합니다. 지속 가능한 지구는 미래 세대에게 깨끗하고 풍요로운 환경을 제공할 수 있습니다.

제2항. 순환경제 실현 전략

가. 소비문화의 변화와 환경적 책임

순환경제는 소비문화의 변화와 환경적 책임에 주목합니다. 소비자들은 더 환경친화적이고 지속 가능한 제품과 서비스를 선호하게 되고, 기업들은 이에 부응하기 위해 친환경 제품을 공급합니다. 이러한 변화는 소비자들의 행복과 만족감을 높이는 데 기여하며, 더 나아가 지속 가능한 소비문화의 정착을 촉진합니다.

나. 기업의 경영과 사회적 책임

순환경제는 기업의 경영과 사회적 책임에 대한 이해와 행동을 촉진합니다. 기업은 환경 문제에 대한 책임을 다하면서 소비자들로부터 긍정적인 평가를 받을 수 있을 뿐만 아니라, 장기적인 경제적 이익을 창출할 수 있습니다. 지속 가능한 경영은 곧 행복과 성공으로 이어질 수 있는 길임을 보여 줍니다.

다. 환경 교육과 의식 상승

순환경제는 환경 교육과 의식 상승을 통해 실현됩니다. 높아지는 환경 의식은 개인과 기업이 순환경제에 참여하고 적극적으로 협력하는 데 기여합니다. 교육을 통해 환경에 대한 이해와 의식이 높아지면, 우리는 지속적인 행복을 추구하는 데에 더욱 적극적으로 참여할 수 있을 것입니다.

라. 협력과 지역 사회의 공생

순환경제는 협력과 지역 사회의 공생을 강조합니다. 기업, 정부, 지역 사회 간의 협력을 통해 순환경제를 실현하는 것은 지속적인 행복과 안정을 가져올 것입니다. 또한, 지역 사회와의 공생은 그 지역의 경제적 발전과 환경 보전을 동시에 이룰 수 있는 지속 가능한 방향을 제시합니다.

환경 문제에 대한 적극적인 대응과 지속 가능한 소비문화의 정착은 우리의 삶을 향상시키는 데 일조하며, 순환경제는 이러한 새로운 지평을 실현하기 위한 체계적이고 협력적인 방향을 제시합니다. 순환경제를 통해 우리는 더 나은 세상을 만들어 가는 과정에서 지속적인 행복을 찾을 수 있을 것입니다. 순환경제는 지속적 행복을 실현하기 위한 새로운 길을 열고 있습니다.

제4장

가정 번영의 경제학

제1절. 행복과 가정경제의 조화

가정과 경제는 우리 삶에서 끊임없이 교류하고 상호 작용하는 주체입니다. 이 두 영역이 조화롭게 어우러질 때, 행복이라는 결실이 열매를 맺습니다. 이 절에서는 30-50대를 대상으로 하는 행복경제학 담론의 일부로, "행복과 가정경제의 조화"에 대한 논의를 더욱 체계적으로 풀어 보고자 합니다.

제1항. 가정 경제학의 중요성

가. 가정의 경제적 중요성

우선, 우리는 가정을 둘러싼 경제적 상황이 얼마나 중요한지에 대해 생각할 필요가 있습니다. 가정은 우리 삶의 출발점이자 도착점입니다. 우리가 노력하고 일하며 창출한 경제적 성과가 어떻게 가정 내에 반영되는지가 우리의 행복과 밀접한 관련이 있습니다.

30-50대의 이 시기에는 직장에서의 성과가 가정 내에서 더욱 큰 의미

를 지닙니다. 자녀의 교육, 주거 여건, 생활 편의 시설 등 가정 경제가 이루는 영향은 상당히 깊고 복잡합니다. 따라서 가정 경제의 중요성을 인식하고, 이를 향상시키는 것이 행복경제학에서 강조하는 바입니다.

나. 가정 내에서의 경제적 균형

행복경제학이 강조하는 또 다른 개념은 바로 가정 내에서의 경제적 균형입니다. 가정 구성원 간의 역할과 책임, 그리고 자원 분배에 대한 고민이 이루어져야 합니다. 한 구성원의 성과가 다른 구성원과 조화를 이룰 때, 가정 내에서는 긍정적인 경제적 균형이 형성됩니다. 예를 들어, 부부 간의 협력적인 자원 분배는 가정 경제를 안정시키는 중요한 요소입니다. 이를 통해 가정 구성원들은 경제적 목표를 공유하고 효과적으로 달성할 수 있습니다. 이러한 균형은 가정 구성원 간의 이해와 소통을 강화하며, 행복한 가정의 기반이 됩니다.

제2항. 가정경제와 행복의 상호관계

가. 가정의 행복과 사회적 효과

가정이 행복하다면 이는 그 행복이 소속된 사회에 긍정적인 파급효과를 불러일으킵니다. 행복한 가정은 개인의 안정성과 만족감을 초래할 뿐만 아니라, 주변 사회와의 관계를 더욱 강화시키고 사회적 화합을 이끌어냅니다. 이는 곧 사회 전체의 행복과 번영으로 이어집니다. 행복경제학은 이러한 상호 작용이 사회적 효과를 창출하며, 가정의 행복이 사회 전체의 행복으로 이어진다고 강조합니다. 따라서 우리는 개개인의 행복뿐만 아니라 사회 전체의 번영을 위해 가정의 행복을 추구하는 것이 중요하다는 것을 깨닫게 됩니다.

나. 유연성과 가정경제

가정경제에서 유연성은 더욱 큰 의미를 갖습니다. 행복경제학은 가정이 어떻게 변화에 대응하고 유연하게 움직이느냐가 행복에 큰 영향을 미친다고 주장합니다. 가정 구성원 간의 유연한 역할 분담과 상호 도움은 가정이 어려움에 효과적으로 대처할 수 있게 만들어 줄 뿐만 아니라, 삶의 변화에 대응하는 데에도 큰 도움을 줍니다. 또한, 가정 내에서의 유연성은 경제적인 안정감을 증진시키고, 변화에 대응하는 데에 있어서는 스트레스를 줄여 줍니다. 이는 행복한 삶을 유지하는 데에 필수적입니다. 따라서 행복경제학은 가정 내에서의 유연성을 강조하며, 다양한 환경에 대처하면서도 행복을 유지할 수 있는 능력을 키우는 것이 중요하다고 말합니다.

이러한 행복경제학의 담론을 종합하면, 행복과 번영은 떨어져서 이해되기 어렵습니다. 행복은 번영의 결과물이자, 번영은 행복의 지표입니다. 가정이 경제적으로 번영한다면, 이는 결국에는 행복한 개개인과 더 큰 사회의 행복으로 이어집니다. 특히, 30-50대의 우리에게는 이러한 원리가 현실적이고 실질적인 지침이 될 것입니다. 가정과 경제를 조화롭게 이끄는 것은 우리 개개인의 행복과 더불어 사회 전체의 번영을 위한 필수적인 과제입니다. 따라서 우리는 행복경제학의 원리를 깊이 이해하고, 그것을 실천하여 더 나은 삶과 미래를 향해 나아가야 합니다.

제2절. 부모의 역할과 아이들의 행복 교육

가정은 아이들에게 첫 번째 교육장소로서의 역할뿐만 아니라, 미래의 사회를 결정짓는 중요한 공간입니다. 특히 30-50대의 부모들은 자녀의 성장과 발달에 큰 책임을 지고 있는 주체 중 하나로 부각되고 있습니다. 이번 절에서는 부모의 행동과 가정 환경이 아이들의 행복 교육에 미치는 영향을 살펴보고자 합니다.

제1항. 부모의 역할과 책임의 중요성

가. 부모의 역할과 책임

가정은 부모와 아이들 간의 긴밀한 관계가 형성되는 공간입니다. 부모는 자녀의 신체적, 정서적, 지적 발달을 촉진시키는 주체로서의 역할을 수행합니다. 물리적 필요뿐만 아니라 정서적 안정과 교육적 가이드라인을 제공함으로써 자녀에게 안전한 환경을 조성합니다. 부모의 양육 방식은 아이들의 행복 교육에 상당한 영향을 미치는 주된 요소 중 하나입니다.

나. 감정적 안정과 행복 교육

부모의 감정적 안정은 아이들에게 안정감과 정서적 안정을 제공합니다. 부모가 안정되고 긍정적인 감정을 표출하면, 이는 아이들이 안전하게 자아를 발전시키고 사회와 원활하게 상호 작용하는 기초를 제공합니다. 행복경제학은 이러한 감정적 안정이 아이들의 행복 교육과 깊게 연관되어 있다고 강조합니다. 부모의 감정적 지지는 아이들의 심리적 안정성을 촉진하며, 이는 학업 성취를 비롯한 다양한 영역에서 긍정적인 결과를 가져올 것으로 기대됩니다. 따라서, 감정적으로 안정된 부모-자녀 관계는 아이들의 행복 교육에 필수적인 요소로 작용합니다.

제2항. 가정 교육의 중요성

가. 긍정적 교육 환경 조성

부모는 아이들에게 긍정적인 교육 환경을 조성하는 데 핵심적인 역할을 합니다. 양육 스타일, 교육 방법, 가정 분위기 등이 이러한 환경을 결정짓게 됩니다. 긍정적 교육 환경은 아이들에게 자기 통제와 자기 주도성을 부여하며, 이는 그들의 행복감과 만족감을 높일 수 있습니다. 행복경제학은 긍정적인 교육 환경이 아이들이 미래에 걸쳐서 긍정적인 결과를 이끌어 내는 데 중요한 역할을 할 것으로 예측합니다. 아이들이 긍정적인 가정에서 자라면, 그들은 자신에 대한 자신감을 키우고 다양한 도전에 대처할 수 있는 능력을 발전시킬 것입니다. 이는 결국 아이 개개인의 행복과 더 나아가 사회 전체의 번영으로 이어질 것입니다.

나. 교육의 다양성과 창의성 존중

부모의 중요한 임무 중 하나는 아이들에게 다양성을 존중하고 창의성을 촉진하는 교육을 제공하는 것입니다. 행복경제학은 다양성과 창의성이 미래 사회에서 더 큰 가치를 지닌다고 강조합니다. 따라서 부모는 아이들에게 다양한 경험과 관점을 제공하고, 그들의 창의성을 개발하는 데 주력해야 합니다. 특히, 다양한 경험을 통해 세상을 바라보는 시야를 넓히면, 아이들은 문제를 창의적으로 해결하고 협력하는 능력을 기를 것입니다. 이는 미래의 사회에서 요구되는 능력이며, 행복경제학은 이러한 능력이 아이들이 개개인의 역량을 최대한 발휘하며 행복한 삶을 살아갈 수 있는 기회를 제공하는 데 이바지할 것으로 예상합니다.

다. 긍정적 가정 문화의 중요성

부모의 행동과 가정 분위기는 아이들의 가치관과 성장에 큰 영향을 미칩니다. 긍정적인 가정 문화는 부모와 아이들 간의 관계를 강화시키고, 아이들이 자신의 감정을 표현하고 공유할 수 있는 안전한 환경을 제공합니다. 특히, 30-50대 부모들은 가정 내에서 긍정적인 가치를 강조하고, 서로를 존중하며 소통하는 문화를 조성해야 합니다. 이는 아이들이 자신의 가치와 책임감을 발견하고, 주변 사회에 기여할 수 있는 능력을 키울 수 있도록 돕는 것입니다.

부모의 역할과 아이들의 행복 교육은 행복경제학에서 중요한 주제로 부각되고 있습니다. 부모의 행동과 가정 분위기는 아이들의 행복과 미래에 큰 영향을 미치며, 이는 결국 아이 개개인의 행복과 사회 전체의 번영으로 이어질 것입니다. 30-50대의 부모들은 이러한 책임을 엄중하게 받아들이고, 긍정적인 교육 환경을 조성하여 아이들이 행복하게 자라날 수 있도록 노력해야 합니다. 이것이 가능하다면, 그 결과로 얻어지는 것은 미래 세대의 행복과 긍정적인 사회적 발전일 것입니다.

제3절. 학비 지원과 미래 세대의 번영

가정 번영의 핵심은 미래 세대의 성장과 번영에 기여하는 것입니다. 특히 교육은 이러한 미래 세대의 번영을 위한 핵심 도구 중 하나로 간주됩니다. 이에 따라 "학비 지원과 미래 세대의 번영"에 대한 논의가 중요하다고 할 수 있습니다.

제1항. 학비 지원과 교육의 중요성

가. 교육의 중요성과 미래 세대의 번영

미래 세대의 번영은 교육의 품질과 접근성에 크게 의존합니다. 교육은 미래에 대비하고 새로운 기회를 창출하는 핵심적인 도구로서의 역할을 하고 있습니다. 따라서 교육에 대한 접근성이 높고 품질이 뛰어나다면, 미래 세대는 보다 안정적이고 번영한 삶을 살아갈 수 있을 것입니다. 이와 같이 행복경제학은 교육의 중요성을 강조하며, 교육을 통해 미래 세대의 행복과 번영을 위한 기반을 마련하는 것이 중요하다고 주장합니다. 그중에서도 학비 지원은 교육의 접근성을 향상시키고, 개인의 잠재력을 최대한 발휘할 수 있도록 돕는 중요한 수단 중 하나입니다.

나. 학비 부담과 미래에 대한 불안감

30-50대의 부모들은 자녀의 교육에 대한 높은 기대와 함께 학비 부담으로 인해 불안과 스트레스를 경험하고 있습니다. 대학 등 고등 교육의 경비는 상당히 높아지고 있어, 부모들은 자녀의 교육비를 마련하기 위해 금전

적으로 많은 희생을 하고 있습니다. 이로 인해 부모들은 미래에 대한 불안 감을 느끼며, 이는 가정 전반의 행복과 안정에 영향을 미칠 수 있습니다.

다. 학비 지원의 긍정적 영향

학비 지원은 미래 세대의 번영에 긍정적인 영향을 미칩니다. 먼저, 학비 지원을 통해 교육에 대한 접근성이 향상되면, 모든 자녀들이 더 나은 교육 기회를 누릴 수 있게 됩니다. 이는 사회적 격차를 감소시키고, 미래 세대의 전반적인 번영을 촉진할 것으로 기대됩니다. 그뿐만 아니라 학비 지원은 부모 세대의 경제적 부담을 줄여 주어 가정 내에서의 긍정적인 분위기를 유지하는 데에도 기여합니다. 경제적 부담이 낮아지면 부모들은 더욱 안정감을 느끼며, 이는 자녀에게 긍정적인 영향을 미칠 것입니다. 학비 부담이 감소하면 부모들은 자녀의 미래에 대한 불안감을 줄이고, 가정 내에서 긍정적인 교육 환경을 조성할 수 있습니다.

제2항. 학비 지원과 교육 품질의 연관성

가. 교육의 품질과 미래 세대의 능력 향상

학비 지원이 증가하면 교육의 품질도 향상될 것으로 기대됩니다. 교육이 우수한 품질을 유지하면, 미래 세대는 더 높은 수준의 지식과 기술을 습득할 수 있을 것입니다. 이는 미래 사회에서 요구되는 능력을 보다 효과적으로 발휘할 수 있도록 도와줄 것입니다. 행복경제학은 교육의 품질이 미래 세대의 능력과 자아실현에 큰 영향을 미친다고 강조합니다. 따라서 학비 지원을 통해 교육의 품질을 향상시키는 것은 미래 세대의 번영을 위한 중요한 전략 중 하나로 꼽힙니다.

나. 사회적 투자로서의 학비 지원

학비 지원은 그 자체로 사회적 투자의 일환입니다. 미래 세대의 교육에 투자함으로써 사회는 더 높은 수준의 지식과 능력을 가진 시민들을 양성하게 되며, 이는 사회 전체의 발전과 성숙에 기여할 것입니다. 행복경제학은 사회적 투자가 사회 전체의 행복과 번영에 긍정적인 영향을 미친다고 주장합니다. 따라서 학비 지원은 단순히 개인과 가정의 문제가 아니라, 사회적 측면에서도 중요한 의미를 지닙니다.

"학비 지원과 미래 세대의 번영"은 행복경제학의 관점에서 중요한 주제 중 하나입니다. 교육은 미래의 지도자들을 양성하고, 사회를 발전시키는 핵심적인 역할을 합니다. 학비 지원은 교육의 접근성을 높이고, 부모들의 부담을 줄이며, 교육의 품질을 향상시키는 데 큰 기여를 할 것으로 기대됩니다. 이는 결국 미래 세대의 행복과 번영뿐만 아니라 사회 전체의 번영을 위한 중요한 구조 요소로 작용할 것입니다.

제4절. 개인 금융의 효율적인 관리와 삶의 만족도

가정 번영의 핵심은 금전적인 안정과 개인의 삶의 만족도 사이의 균형입니다. 현대 사회에서 금전은 더 이상 단순히 생존 수단을 넘어서, 개인의 삶을 더 풍요롭게 만들고 안정성을 부여하는 핵심적인 역할을 하고 있습니다. 이에 따라 "개인 금융의 효율적인 관리와 삶의 만족도"라는 주제는 30-50대의 현대인들에게 중요한 이슈로 떠오르고 있습니다. 이번 절에서는 행복경제학의 관점에서 이 주제에 대한 논의를 진행하고자 합니다.

제1항. 개인 금융 관리의 중요성

가. 금전적 안정과 삶의 만족도

금전적인 안정은 삶의 여러 측면에 긍정적인 영향을 미칩니다. 행복경제학은 금전적인 문제로 인한 스트레스가 삶의 만족도를 낮추는 중요한 요인 중 하나라고 강조합니다. 즉, 금전적인 불안은 개인의 삶을 불안정하게 만들어, 행복과 만족감을 제약하는 주요 원인 중 하나로 작용할 수 있습니다. 따라서 개인의 금융을 효율적으로 관리하고 안정성을 추구하는 것은 삶의 만족도를 높이는 핵심적인 전략 중 하나로 간주됩니다.

나. 지출 관리와 금전적 안정

개인의 지출 관리는 금전적 안정을 유지하는 데에 있어 핵심적인 부분입니다. 지출을 효율적으로 관리하면 현재의 금전적인 부담을 줄일 수 있을 뿐만 아니라 미래에 대비하여 금융적인 여유를 마련할 수 있습니다. 이를 위해 예산을 세우고 목표를 설정하여 지출을 계획하는 것은 금전적인 안정을 구축하는 데 도움이 됩니다. 지출 관리를 통해 불필요한 소비를 제한하고 필수적인 지출에 중점을 두는 습관을 들이면, 금전적인 어려움에서 벗어나기 쉬워집니다.

다. 금융 목표와 삶의 방향 설정

금전적인 안정은 금융 목표를 설정하고 이를 달성하는 과정에서 얻어집니다. 명확한 금융 목표를 가지고 미래에 대비하며, 삶의 방향을 설정하는 것은 삶에 대한 만족도를 높이는 데 기여합니다. 금전적인 목표를 통해 개인은 자신의 가치와 욕구를 식별하고, 그에 따라 금융 계획을 수립할 수 있게 됩니다. 목표는 단기적인 것일 수도 있고 장기적인 것일 수도 있으며, 이를 수립하고 추진하는 과정에서 개인은 자신에 대한 명확한 비전을 가질 수 있습니다.

라. 금전적인 부담으로부터의 해방과 자유로움

효율적인 금융 관리는 금전적인 부담으로부터의 해방과 자유로움을 가져옵니다. 부채의 관리와 효율적인 저축은 금전적인 제약을 줄여 주고, 개인이 보다 유연하게 자신의 삶을 설계하고 즐길 수 있도록 돕습니다. 금전적인 자유는 삶의 다양한 측면에서 더 큰 만족도를 제공할 수 있습니다. 금전적인 안정을 추구하는 것은 단순히 돈을 모으는 것 이상으로, 개인이 자신의 가치에 기반하여 삶을 살아가는 일환으로 이해될 수 있습니다.

제2항. 금전적인 안정과 행복의 연관성

가. 금전적인 안정과 가정 관계

가정 번영은 가정 내에서의 금전적인 안정과 깊은 연관이 있습니다. 금전적인 문제로 인한 가족 간의 갈등은 삶의 만족도를 저해할 수 있습니다. 따라서 부부간의 금전적인 목표를 공유하고 함께 효율적으로 관리하는 것은 가정 번영을 촉진하는 중요한 과정 중 하나입니다. 금전 문제는 종종 가정 내 갈등의 원인 중 하나로 꼽히며, 이를 효과적으로 관리하면 가정의 조화와 안정성을 유지하는 데에 도움이 됩니다.

나. 금전적인 안정과 사회적 안정

금전적인 안정은 개인 차원뿐만 아니라 사회적 차원에서도 중요한 영향을 미칩니다. 금전적인 문제로 인한 사회적 불평등과 불안은 전반적인 사회의 안정을 저해할 수 있습니다. 따라서 개인이 효율적으로 금전을 관리하고 안정을 유지함으로써 사회 전체의 번영에 기여할 수 있습니다. 금전적인 불평등이 감소하고 모든 개인이 안정된 금전적 기반 위에서 삶을 쌓아 갈 수 있다면, 사회는 더욱 안정되고 지속 가능한 방향으로 나아갈 것입니다.

다. 금전적인 안정과 미래에 대한 자신감

금전적인 안정은 미래에 대한 자신감을 강화하는 데 기여합니다. 금전적인 목표를 효율적으로 달성하고 금전적인 안정을 유지하는 과정에서 개인은 미래에 대한 불안감을 감소시키고 자신의 능력에 대한 확신을 얻을 수 있습니다. 이는 미래에 대한 더 큰 기대와 긍정적인 태도를 유지하는 데 도움이 됩니다. 자신의 금융을 효율적으로 관리하고 안정성을 유지하는 것은 삶의 여러 측면에서 미래에 대한 자신감을 키우는 핵심적인 요인으로 작용할 것입니다.

라. 금전적 안정의 심리적 효과

금전적인 안정은 심리적인 안정에도 긍정적인 영향을 미칩니다. 금전적인 문제로 인한 스트레스는 정신적인 건강에 악영향을 미칠 수 있습니다. 반면에 금전적인 안정은 자신감을 키우고 스트레스를 감소시켜 삶의 만족도를 높일 수 있습니다. 금전적인 문제로 인한 스트레스와 불안은 종종 심리적인 건강에 부정적인 영향을 미칩니다. 그러나 금전적인 안정을 확보하면 이러한 부정적인 영향을 최소화하고 긍정적인 심리적 효과를 누릴 수 있습니다.

마. 금전적 관리의 지속 가능성

금전적인 안정은 단기적인 목표뿐만 아니라 장기적인 관점에서도 중요합니다. 효율적인 금전 관리는 일시적인 변화뿐만 아니라 장기적인 안정을 위한 계획을 수립하고 이를 실천하는 것을 의미합니다. 금전적인 목표를 달성한 이후에도 개인은 지속적으로 자신의 금전적인 상황을 평가하고 조정함으로써 지속 가능한 금전적 관리를 유지할 필요가 있습니다. 이는 계속해서 변화하는 환경에서도 개인이 안정된 금전적인 기반을 유지할 수 있도록 돕습니다.

"개인 금융의 효율적인 관리와 삶의 만족도"는 현대 사회에서 각 개인이 직면하는 중요한 주제 중 하나입니다. 금전적인 안정은 삶의 여러 측면에 긍정적인 영향을 미칩니다. 효율적인 금전 관리는 개인의 삶을 안정시키고 향상시키는 데 핵심적인 역할을 합니다. 따라서 30-50대의 현대인들은 자신의 금전적인 목표를 세우고 효율적으로 달성함으로써 보다 안정된 삶을 살아가기 위해 노력해야 합니다. 이를 통해 그들은 더 높은 삶의 만족도를 누리며, 이는 결국 개인 차원에서부터 사회 전체에 이르는 긍정적인 영향을 미칠 것입니다.

제5절. 소비주의와 가정의 긍정적 상호 작용

가정 번영과 소비주의 간의 관계는 현대 사회에서 점점 더 중요한 주제로 부상하고 있습니다. "소비주의와 가정의 긍정적 상호 작용"이라는 주제는 소비와 가정 번영이 어떻게 서로 상호 작용하여 긍정적인 영향을 미칠 수 있는지에 대한 탐구를 의미합니다. 이번 절에서는 이러한 관계를 논리적으로 탐구하면서, 소비주의가 어떻게 가정의 안정과 행복에 기여할 수 있는지 살펴보고자 합니다.

제1항. 소비주의와 가정경제의 연관성

가. 소비주의의 측면과 가정 번영

우선 소비주의를 이해하기 위해서는 그 의미와 주요 특징을 살펴볼 필요가 있습니다. 소비주의는 소비를 중심으로 한 가치체계를 강조하는 사상입니다. 이는 개인의 행복과 만족을 주로 소비를 통해 찾을 수 있다는 신념에 근거하고 있습니다. 소비주의는 자유 시장 경제의 중요성과 더불어 소비를 통한 경제 활동을 촉진하려는 철학을 내포하고 있습니다.

나. 가정 번영과 소비주의의 유기적 연결

가정 번영은 개인과 가족이 안정되고 풍요로운 삶을 누리는 것을 의미합니다. 소비주의와의 관계에서 가정 번영은 소비 활동을 통해 직간접적으로 영향을 받습니다. 소비를 통한 경제 활동은 새로운 일자리를 창출하고 가정 소득을 높일 수 있는 효과를 가져옵니다. 이러한 과정을 통해 가정은 안정성과 풍요를 높일 수 있습니다.

다. 소비와 가정 소득의 증가

가정의 안정과 번영에 있어 가장 중요한 측면 중 하나는 가정 소득의 상승입니다. 소비주의가 소비를 통한 경제 활동을 부추기는 측면에서, 가정 소득은 상승할 수 있습니다. 충분한 소득을 확보하면 가정은 교육, 건강, 여가 등에서 높은 수준의 서비스와 경험을 누릴 수 있게 됩니다. 이는 부모와 자녀가 더 나은 삶의 질을 경험할 수 있도록 돕는 중요한 역할을 합니다.

라. 가정 내 소비와 자아 표현의 조화

소비주의는 소비를 통한 자아 표현을 강조합니다. 가정 내에서 이러한 자아 표현은 구성원 간의 이해와 화합을 조성하는 데에 기여할 수 있습니다. 각 구성원은 소비를 통해 자신의 가치와 취향을 표현함으로써 서로를 더 잘 이해하고 존중할 수 있습니다. 이는 가정 분위기를 긍정적으로 유지하는 데에 큰 도움을 줍니다.

마. 소비와 가정 간의 긴밀한 연결고리

소비는 종종 가정과 밀접한 연결고리를 가지고 있습니다. 소비 선택은 가정 구성원 간의 소통을 촉진하고 가정의 삶을 풍요롭게 만듭니다. 가족이 함께 여행을 계획하거나 특별한 이벤트를 기념하는 것은 가정 내 소셜 캐피탈을 강화하고 더 긍정적인 가족 경험을 형성하는 데에 도움이 됩니다.

제2항. 소비주의와 건강한 가정경제의 중요성

가. 소비와 자아실현의 연계

소비주의가 강조하는 또 다른 측면은 소비를 통한 자아실현입니다. 소비는 우리의 가치와 욕망을 실현하는 수단으로 작용합니다. 이는 가정이 더 나은 경험과 서비스를 누릴 수 있도록 돕는 중요한 동력이 됩니다. 소비를 통해 자아를 표현하고 실현함으로써 가정은 보다 풍요로운 경험을 쌓아 나갈 수 있습니다.

나. 소비와 감사의 상관관계

소비주의는 종종 소비에 대한 감사의 중요성을 강조합니다. 소비에 대한 감사의 마음가짐은 가정 내 분위기를 조성하는 데에 도움이 됩니다. 가족 구성원들이 각각의 소비에 대해 감사의 마음을 가진다면, 소비는 단순한 소비를 넘어서 가정 간의 유대감을 강화하고 긍정적인 상호 작용을 부추길 수 있습니다.

다. 소비와 지속 가능한 생활의 필요성

그러나 소비주의가 자주 간과하는 측면 중 하나는 지속 가능한 소비에 대한 고려입니다. 소비를 통한 경제 활동은 자연환경에 부담을 줄 수 있습니다. 따라서 지속 가능한 소비는 가정이 미래에도 번영할 수 있는 기반을 마련하는 데에 중요한 역할을 합니다. 이는 환경과 사회에 대한 긍정적인 기여로 이어질 수 있습니다.

라. 소비주의와 가정 번영의 균형 유지

소비주의와 가정 번영 간의 긍정적 상호 작용을 이해할 때, 균형이 매우 중요합니다. 지나치게 소비 중심의 삶은 가정 관계를 손상시킬 우려가 있습니다. 따라서 소비주의는 지혜롭게 조절되고 가정의 가치와 조화를 이루어야 합니다. 적절한 소비는 가정 번영을 높이는 긍정적인 원동력이 될 수 있으며, 이는 결국 개인 차원에서부터 사회 전체에 이르는 긍정적인 변화로 이어질 것입니다.

"소비주의와 가정의 긍정적 상호 작용"은 현대 사회에서 계속해서 논란이 되는 주제 중 하나입니다. 그러나 이 논란 속에서도 소비주의가 가정 번영에 어떻게 긍정적인 영향을 미칠 수 있는지를 이해하고 균형을 찾는 것이 중요합니다. 적절한 소비는 가정에 풍요와 안정을 제공할 수 있으며, 이는 결국 개인 차원에서부터 사회 전체에 이르는 긍정적인 파급 효과를 가져올 것입니다. 소비와 가정 번영 간의 상호 작용을 더욱 깊이 이해하면서, 우리는 보다 건강하고 풍요로운 사회를 만들어 나갈 수 있을 것입니다.

제6절. 경제적 책임과 긍정적 가정 환경

가정은 우리 삶의 핵심이자 행복을 위한 청사진입니다. 그중에서도 경제적인 측면에서의 책임은 가정을 긍정적으로 이끌어 가는 핵심적인 힘 중 하나입니다. 이번 가정 내 경제적 책임의 중요성과 그것이 어떻게 긍정적인 가정 환경을 조성하는지를 살펴보겠습니다.

제1항. 가정 내 경제적 책임의 중요성

가. 가정 내 경제적 책임의 중요성
가정 내에서 경제적 책임은 가족 구성원들이 각자의 역할과 책임을 이해하고 수행함으로써 시작됩니다. 이는 가정이 안정적으로 번영하기 위한 필수적인 조건으로 작용합니다. 각 구성원이 자신의 역할을 수행함으로써 가정은 서로를 더 잘 이해하고 협력하는 기반을 마련하게 됩니다.

나. 가정 내 경제적 책임의 역할
경제적 책임은 가정 구성원들 간의 협력과 조화를 이끌어 내는 역할을 합니다. 각각이 자신의 책임을 수행함으로써 가정은 안정성을 유지하고 긍정적인 환경을 형성할 수 있습니다. 이는 가족 구성원들 간의 신뢰와 연대감을 증진시키는 중요한 동력으로 작용합니다.

다. 가정 내 경제적 책임과 자립성
경제적인 책임은 가정 구성원들에게 자립성을 부여합니다. 각 개인이 자신의 책임을 이해하고 이를 수행함으로써, 자립적인 인격이 발전할 수 있습니다. 특히 30-50대 세대에게는 자립성은 더욱 중요한 가치 중 하나로 여겨집니다. 자신의 삶을 주도적으로 이끌어 가고 가정을 더욱 강화하는 요소로 작용합니다.

라. 가정 내 경제적 책임과 안정성

경제적인 안정은 가정 내에서 안정성을 형성하는 핵심적인 요소 중 하나입니다. 가정 내에서 경제적인 부족함이나 불확실성이 줄어들면, 가족 구성원들은 더 안전하고 안정된 환경에서 성장할 수 있습니다. 이는 특히 자녀들에게 안정적인 성장 환경을 제공하는 데에 기여합니다.

제2항. 경제적 책임과 가정 환경의 상호 작용

가. 경제적 책임과 가정의 성숙한 긍정성

경제적인 책임은 가정 내에서 성숙한 긍정성을 유도합니다. 가족 구성원들이 자신의 역할과 책임을 이해하고 실천함으로써, 긍정적인 가정 분위기가 형성됩니다. 이는 어려움에 직면해도 가족 구성원들이 긍정적인 마음가짐을 유지하고 해결책을 찾아 나갈 수 있도록 돕는 중요한 요소가 됩니다.

나. 경제적 책임과 교육 환경

경제적인 안정은 교육 환경에도 긍정적인 영향을 미칩니다. 가정 내에서 안정된 경제적 환경은 자녀들의 교육에 긍정적인 영향을 미치며, 미래에 대한 계획을 세우고 이행하는 기반을 제공합니다. 이는 자녀들의 미래에 대한 희망과 기대를 높일 수 있습니다.

다. 가정 내 경제적 책임과 가치 교육

경제적인 책임은 가치 교육에도 큰 역할을 합니다. 가족 구성원들이 자신의 돈을 어떻게 사용할 것인지, 가치 있는 소비와 절약의 중요성 등에 대한 교육은 가정이 더 건강하게 번영할 수 있는 기반을 제공합니다. 이는 나아가 사회적 책임과도 연결되어 있습니다.

라. 경제적 책임과 사회적 책임감

경제적인 책임은 개인과 가족이 사회에 대한 책임감을 갖게끔 유도합니다. 가족이 자신의 경제적 책임을 완수하는 동시에, 사회적 책임을 이행하는 것은 가정이 사회와 조화롭게 상호 작용하며 더 큰 의미 있는 존재로 성장할 수 있도록 돕는 중요한 요소입니다.

가정은 우리 삶의 출발점이자 도착점입니다. 그 안에서 경제적인 안정은 뿌리 깊은 긍정적인 환경을 조성하며, 이는 결국 우리의 사회 전반에 긍정적인 파급 효과를 가져올 것입니다. 가정 내 경제적 책임은 우리가 함께 걸어가는 이 길에서 중요한 안내자가 되어 줄 것입니다.

제5장

직업적 성공경제학

제1절. 사회적 책임과 기업의 행복

사회의 변화와 함께 기업의 역할도 크게 변화하고 있습니다. 더 이상 이윤 추구만을 강조하지 않고, 사회적 책임과 기업의 행복이라는 새로운 관점이 부각되고 있습니다. 이번 절에서는 기업이 어떻게 사회적 가치 창출과 행복을 추구하는 데 기여할 수 있는지 살펴보겠습니다.

제1항. 기업의 사회적 책임의 중요성

가. 기업의 역할과 변화

과거에는 기업이 주로 이윤을 추구하는 것이 핵심 가치로 간주되었습니다. 그러나 현대의 기업들은 이러한 전통적인 관점을 넘어, 자신들이 사회에 미치는 영향에 대해 더 심도 있게 고민하고 있습니다. 기업이 이루는 역할이 이윤만을 추구하는 것이 아니라, 지속 가능한 발전과 사회적 기여를 목표로 하는 사회적 책임을 강조하는 추세가 높아지고 있습니다.

나. 사회적 책임의 개념과 의의

사회적 책임은 단순한 이윤 추구를 넘어, 기업이 사회 전체에 긍정적인 영향을 끼치기 위해 노력하는 것을 의미합니다. 이는 환경 보호, 노동 조건 개선, 사회 문제 해결 등 다양한 영역에서 나타날 수 있습니다. 사회적 책임을 실천하는 기업은 더 큰 가치를 창출하며, 이는 기업의 지속 가능한 성장과 행복한 사회에 기여합니다.

다. 기업의 행복과 직원 만족도

사회적 책임을 다하는 기업이 얻는 이점 중 하나는 직원의 행복과 직원 만족도의 증가입니다. 사회적 책임을 실천하는 기업에서 일하는 직원들은 그 기업에 대한 자부심과 소속감을 느끼게 됩니다. 이는 직원들의 업무 만족도와 행복감을 높이게 되어, 단순한 이윤 추구 이상의 가치를 창출하게 됩니다.

라. 지속 가능한 경영과 기업의 행복

사회적 책임과 기업의 행복은 지속 가능한 경영과 깊은 상관관계를 가지고 있습니다. 지속 가능한 경영은 단기적인 이윤 추구를 넘어, 장기적으로 기업의 생존과 번영을 위한 노력을 의미합니다. 사회적 책임을 실천하는 기업은 지속 가능한 경영을 통해 미래에 대한 안정적인 투자를 가능케 합니다.

제2항. 기업의 사회적 책임과 행복과의 연관성

가. 기업의 사회적 책임과 소비자의 선택

현대 소비자들은 제품이나 서비스를 선택할 때 기업의 사회적 책임에 민감한 반응을 보입니다. 환경을 고려한 제품을 만드는 기업은 소비자로부터 긍정적인 평가를 받게 되며, 이는 기업의 브랜드 가치와 소비자들의 신뢰를 증가시킵니다. 따라서 기업이 사회적 책임을 다하면 소비자와의 긍정적 상호 작용이 기업의 행복과 지속적인 성장을 촉진합니다.

나. 경영 리더십의 역할

기업이 사회적 책임을 실천하기 위해서는 경영 리더십이 중요한 역할을 합니다. 리더는 기업의 비전과 가치를 명확히 제시하고, 이를 실현하기 위한 전략과 계획을 수립해야 합니다. 또한, 리더는 직원들에게 사회적 책임의 중요성을 알리고 동참하도록 독려함으로써 조직 전체의 사회적 가치 창출에 기여합니다.

다. 사회적 책임의 한계와 도전

사회적 책임이라는 개념은 긍정적인 면이 많지만, 그 한계와 도전도 존재합니다. 기업이 지속 가능한 경영을 위해 많은 노력을 기울일수록 경제적인 부담이 커질 수 있고, 사회적 책임에 중점을 두면서도 기업의 경쟁력을 유지하는 것은 쉽지 않을 수 있습니다. 따라서 균형 있는 접근이 필요하며, 이를 통해 기업이 사회적 책임을 효과적으로 실현할 수 있습니다.

"사회적 책임과 기업의 행복"은 현대 기업 경영에서 무시할 수 없는 중요한 주제입니다. 기업이 이윤 추구를 넘어 고객, 직원, 사회, 환경에 대한 책임을 다할 때, 이는 기업의 행복과 지속적인 성장을 이루어 내며 미래의 번영을 모색하는 중요한 원동력이 될 것입니다. 사회적 책임은 기업이 더 큰 가치를 창출하고 행복한 사회를 위해 기여할 수 있는 핵심적인 방향성을 제시합니다.

제2절. 혁신적인 비즈니스 모델과 직업적 성공의 결합

현대 경제는 빠르게 변화하고 있습니다. 특히 30-50대 세대는 이런 불확실한 환경에서 직업적인 안정성과 성공을 찾고 있습니다. 이에 따라 혁신적인 비즈니스 모델이 직업적 성공을 어떻게 도울 수 있는지에 대한 새로운 관심이 높아지고 있습니다.

제1항. 혁신적인 비즈니스 모델의 중요성

가. 혁신적인 비즈니스 모델의 필요성

우선, 혁신적인 비즈니스 모델의 필요성에 대해 살펴보겠습니다. 빠르게 변화하는 시대에는 기존의 비즈니스 모델이 새로운 환경에 부합하지 않을 수 있습니다. 기존의 사업 방식은 새로운 트렌드와 기술의 발전에 대응하기 어렵기 때문에, 기업은 혁신을 통해 미래를 대비하는 전략을 수립해야 합니다. 이는 단순히 회피해 나가는 것이 아닌, 미래의 도전에 대응하여 지속 가능한 경쟁력을 확보하는 것입니다. 이러한 혁신은 기업의 경영 전략을 새롭게 정립하며, 직업적 성공에 있어서도 새로운 기회를 열어줄 것입니다.

나. 직업적 성공을 위한 비즈니스 모델의 중요성

뿐만 아니라, 비즈니스 모델이 직업적 성공에 어떠한 영향을 미치는지를 고려해야 합니다. 혁신적이고 효율적인 비즈니스 모델을 채택하는 기업은 새로운 시장 기회를 창출하고 성장할 수 있습니다. 이로 인해 기업

내에서는 다양한 직무와 경험을 통한 역량 강화와 함께 직원들에게 새로운 경력 기회를 제공할 수 있습니다. 기업과 개인 간의 상생적인 발전을 위해서는 비즈니스 모델이 직업적 성공의 핵심적인 부분을 이루고 있어야 합니다. 이러한 상호 협력은 기업의 성공과 함께 직원들의 성공을 보장할 것입니다.

제2항. 비즈니스 모델과 직업적 성공과의 연관성

가. 기존 비즈니스 모델과의 차별성

비즈니스 모델의 차별성은 또 다른 중요한 측면입니다. 기존의 관행을 벗어나 새로운 시각을 통해 경영 전략을 개발하는 것이 중요합니다. 이는 직업적 성공에 있어 창의성과 혁신을 통해 문제 해결능력을 향상시키는 데 도움이 될 것입니다. 기업이 새로운 비즈니스 모델을 도입하면서 창의적인 접근 방식을 통해 문제를 해결하고 성공적으로 이를 시행함으로써, 직원들은 자연스럽게 역량을 향상시키게 됩니다. 이는 새로운 도전에 대한 직면에서 직업적 성공을 이루는 데에 도움이 될 것입니다.

나. 비즈니스 모델의 지속 가능성

지속 가능성 또한 고려해야 할 중요한 측면입니다. 혁신적인 비즈니스 모델은 기업의 지속 가능성에 긍정적인 영향을 미칩니다. 기업이 사회적 책임을 다하면서 동시에 비즈니스 모델을 혁신하는 것은 두 마리 토끼를 한 번에 잡는 효과를 가져올 수 있습니다. 이는 기업이 긍정적인 이미지를 유지하면서도 동시에 비즈니스 모델을 통해 수익을 창출하고 지속 가능한 성장을 이루어 나갈 수 있음을 의미합니다. 이러한 지속 가능성은 직원들에게도 긍정적인 영향을 미치며, 그들의 직업적 성공을 지원합니다.

다. 비즈니스 모델 혁신과 직업적 성공의 결합

비즈니스 모델의 혁신은 기업의 경쟁력을 향상시키고, 이는 직원들의 역량 강화 및 새로운 경력 기회 창출에 기여할 것입니다. 이러한 접근은 기업과 개인 간의 상호 작용을 통해 혁신적인 방향으로 나아가는 데에 유망한 전략으로 보입니다. 직업적 성공과 기업의 성공이 상호 보완적이라는 개념 아래에서, 두 가지를 효과적으로 결합하여 미래의 도전에 대응할 수 있는 새로운 길을 개척하고자 합니다.

요약하자면, 현대의 빠르게 변화하는 경제 환경에서는 미래를 대비하고 지속적인 성장을 이루기 위해 혁신적인 비즈니스 모델이 필수적입니다. 특히 30-50대 세대는 이러한 비즈니스 모델의 혁신이 직업적 성공과 어떻게 결합될 수 있는지에 큰 관심을 가지고 있습니다. 새로운 비즈니스 모델의 도입은 기업과 직원 모두에게 새로운 기회를 제공하며, 이는 직업적 성공의 새로운 지평을 열어 갈 것입니다. 따라서 우리는 끊임없는 혁신과 변화에 대한 개방적인 태도를 통해 미래를 대비하는 것이 중요하다고 결론짓습니다.

제3절. 지속 가능성과 직업적 성과의 긍정적 결합

　지속 가능성과 직업적 성과는 현대 사회에서 더 이상 갈라놓을 수 없는 밀접한 관련성을 갖고 있습니다. 이 절에서는 지속 가능성과 직업적 성과가 어떻게 긍정적으로 결합될 수 있는지에 대한 탐구를 진행하고, 이 결합이 어떻게 30-50대의 직업적 성공과 행복에 영향을 미치는지 살펴보겠습니다.

제1항. 지속 가능성의 중요성

가. 지속 가능성의 이해

　지속 가능성은 주로 환경, 사회, 경제적인 측면에서의 균형을 강조하는 개념입니다. 환경 측면에서는 자원 보존과 생태계의 안정성을 유지하는 것이 중요하며, 사회 측면에서는 공정한 노동 조건과 사회적 공평을 추구합니다. 경제적 측면에서는 이러한 과정이 지속 가능한 성장과 이익 분배에 기여하도록 합니다.

나. 직업적 성과의 다면적 이해

　직업적 성과는 단순히 경제적인 측면뿐만 아니라, 개인의 심리적인 만족도와 사회적 책임감까지 아우르는 개념입니다. 경제적 성과는 급여와 혜택을 통한 이득을 나타내지만, 직무의 만족도, 업무와의 조화, 동료와의 관계 등의 심리적인 측면도 중요합니다. 더불어, 사회적인 책임감과 기여도도 직업적 성과를 결정하는 중요한 영향을 미칩니다.

다. 지속 가능성과 직업적 성과의 상호 작용

지속 가능성과 직업적 성과는 서로 보완적인 관계에 있습니다. 기업이 지속 가능한 경영을 추구하고 사회적 책임을 다할 때, 이는 직원들에게 긍정적인 신호로 전달됩니다. 지속 가능성을 고려한 기업은 종종 창의성을 촉진하고 직원들의 동기를 높이는 데에 기여하며, 이는 결국 직업적 성과의 향상으로 이어집니다. 또한, 지속 가능한 기업은 더 높은 사회적 신뢰를 쌓아 가고, 이는 기업 이미지를 향상시켜 직원들에게 긍정적인 영향을 미칩니다.

제2항. 지속 가능성과 직업적 성과의 연관성

가. 환경적 지속 가능성과 직업적 성과

환경적 지속 가능성은 기업이 생산과 소비의 과정에서 환경에 끼치는 영향을 최소화하려는 노력을 의미합니다. 이는 종종 새로운 기술과 혁신을 촉진하고, 직원들에게 창의성을 요구하는 환경을 조성합니다. 새로운 환경 기술의 도입과 지속 가능한 생산 방식의 확립은 기업의 경쟁력을 향상시키며, 이는 직업적 성과에 긍정적인 영향을 미칩니다.

나. 사회적 지속 가능성과 직업적 성과

사회적 지속 가능성은 기업이 사회적 책임을 다하고 사회적 가치를 창출하려는 노력을 의미합니다. 이는 조직 내 소통 강화와 다양성 존중 등을 통해 직원 간의 협업을 촉진합니다. 사회적으로 책임 있는 기업은 직원들에게 조직에 대한 자부심과 소속감을 높이는 데 기여하며, 이는 직업적 성과 향상으로 이어집니다.

다. 경제적 지속 가능성과 직업적 성과

경제적 지속 가능성은 기업이 장기적으로 경쟁력을 유지하고 경제적 이익을 지속적으로 창출하는 것을 목표로 합니다. 이는 기업이 금전적인 보상을 제공할 수 있도록 하며, 이는 직원들의 경제적 만족도를 높이는 데 기여합니다. 금전적 보상이 공정하게 이루어질 때, 직원들은 더 나은 성과를 내기 위해 노력하게 되며, 이는 조직의 번영과 직업적 성과의 긍정적 결합을 이끌어 냅니다.

라. 30-50대의 관점에서 본 지속 가능성과 직업적 성과

30-50대의 세대는 기업이 지속 가능성과 사회적 책임을 다하는 것에 큰 가치를 둡니다. 이 세대는 자신의 일에 대한 사회적 가치를 높이 평가하며, 지속 가능성을 강조하는 기업에서의 근무를 선호하는 경향이 있습니다. 따라서 기업이 지속 가능성과 직업적 성과를 긍정적으로 결합시킬 때, 이는 30-50대 직원들에게 높은 가치를 전달하게 됩니다.

"지속 가능성과 직업적 성과의 긍정적 결합"은 현대 기업이 꾸준히 노력해야 할 과제입니다. 이는 단순한 이익 추구를 넘어, 지속 가능한 미래를 위한 투자와 사회적 책임을 통한 가치 창출을 의미합니다. 30-50대의 세대는 이러한 노력을 높이 평가하며, 기업이 지속 가능성과 직업적 성과의 긍정적 상호 작용을 실현할 때, 이는 직원들의 행복과 조직의 번영을 동시에 이루어 낼 수 있는 체계적인 노력의 결과로 평가될 것입니다.

제4절. 지속 가능성과 경제적 번영의 윤리적 기여

현대 사회에서 기업이 지속 가능성과 경제적 번영을 동시에 추구하는 것은 더 이상 선택이 아닌 필수적인 과제로 부상하고 있습니다. 특히 30-50대 세대는 단순한 이익 추구보다는 자신의 행동과 소비가 미래 세대에게 미치는 영향에 대한 윤리적 고민을 갖고 있습니다.

제1항. 지속 가능성과 경제적 번영의 연관성

가. 지속 가능성과 경제적 번영의 윤리적 기여의 의미

지속 가능성과 경제적 번영은 단순히 기업의 이익 추구를 넘어, 환경과 사회에 대한 책임을 다하면서도 경제적으로 번영하는 것을 의미합니다. 이는 윤리적 가치와 경제적 이익을 동시에 고려하는 새로운 경영 철학을 요구합니다. 이는 단기적인 이익에만 치중하는 것이 아니라 장기적인 지속 가능성과 윤리적 책임을 고려하는 기업이 더 나은 미래를 창출할 수 있다는 것을 시사합니다.

나. 윤리적 리더십의 역할

윤리적 리더십은 이러한 새로운 경영 철학을 실현하기 위한 중요한 요소입니다. 기업 리더는 단순한 이익 추구보다 더 큰 목표를 세우고, 지속 가능성과 경제적 번영을 동시에 추구하는 리더십을 펼쳐야 합니다. 윤리적 리더십은 기업의 가치체계를 변화시키고, 미래를 위한 비전을 제시하는 중요한 역할을 합니다.

다. 지속 가능한 비즈니스 모델의 채택

지속 가능한 비즈니스 모델의 채택은 기업이 단순한 이익 추구에서 벗어나 미래를 고려하는 중요한 전환점입니다. 이는 자원 소비의 최소화, 환경 영향의 최소화, 사회적 가치 창출 등을 목표로 하는 새로운 비즈니스 모델의 수용을 의미합니다. 이는 기업이 지속 가능성과 경제적 번영을 동시에 이루어 낼 수 있는 길을 제시합니다.

라. 환경친화적인 경영과 경제적 이익의 조화

환경친화적인 경영은 환경에 대한 책임을 다하려는 의지를 나타냅니다. 이는 단순히 환경에 대한 부정적인 영향을 최소화하는 것뿐만 아니라, 이를 통해 경제적 이익을 창출하고자 하는 의지를 내포하고 있습니다. 태양광 및 풍력 발전과 같은 친환경 에너지 산업은 이러한 조화의 좋은 예시로 손꼽힙니다.

제2항. 지속 가능한 경제적 번영 구현 전략

가. 윤리적 소비와 시장의 변화

소비자들의 의식 변화는 시장에 큰 영향을 미치고 있습니다. 소비자들은 이제 제품 또는 서비스의 품질뿐만 아니라 기업이 사회적 책임을 다하고 윤리적으로 경영하는지에 대한 관심을 갖고 있습니다. 이는 기업들에게는 더 높은 윤리적 기준을 향해 나아가도록 요구하는 것으로 이어지고 있습니다.

나. 사회적 책임과 윤리적 경영

사회적 책임과 윤리적 경영은 단순히 이익 추구를 넘어, 사회적 가치를 실현하려는 노력을 의미합니다. 공정한 노동 조건과 사회적 기여를 중시하는 기업들은 지속 가능성과 경제적 번영을 함께 이루어 나가는 예시로 볼 수 있습니다. 이는 단순한 경영 전략이 아닌, 조직문화와 가치체계의 변화를 필요로 합니다.

다. 윤리적 리더십의 영향력 확대

윤리적 리더십은 기업의 존속과 발전에 중요한 영향을 미칩니다. 이는 단순한 이익 추구를 넘어 윤리적인 가치를 중시하고, 지속 가능성과 경제적 번영을 동시에 추구하는 방향으로 기업을 이끌어 나가야 합니다. 이러한 윤리적 리더십은 새로운 가치의 지평을 열어 나가며, 기업이 미래에 대비하는 데 중요한 역할을 합니다.

"지속 가능성과 경제적 번영의 윤리적 기여"는 미래를 고려한 새로운 경영 철학의 중요한 주제로 부상하고 있습니다. 윤리적 가치와 경제적 이익은 더 이상 대립 관계가 아닌, 상호 보완적인 요소로 작용하고 있습니다. 이는 기업뿐만 아니라 사회 전체에 긍정적인 파급 효과를 가져오며, 30-50대 세대에게는 더 나은 미래를 모색하는 길일 것입니다. 이러한 융합이 사회적 책임과 윤리적 가치를 함께 고려하는 새로운 시대의 중요한 흐름을 이루어 낼 것으로 기대됩니다.

제5절. 긍정적인 조직 문화와 직장 만족도

현대의 조직에서 긍정적인 조직 문화와 직장 만족도는 단순한 업무 수행의 일환으로서가 아니라, 기업의 근간을 이루는 핵심 가치로 부상하고 있습니다. 특히 30-50대 세대는 직장에서 단순한 업무만이 아니라 의미 있는 경험과 긍정적인 조직 문화 속에서의 직장 만족도를 추구하는 추세에 있습니다.

제1항. 긍정적인 조직 문화의 중요성

가. 긍정적인 조직 문화의 본질과 특징

긍정적인 조직 문화는 어떤 개념일까요? 이는 조직 내부에서 활발한 의사소통, 효과적인 협력, 긍정적인 리더십 스타일 등이 긍정적인 가치와 태도를 반영하는 것을 의미합니다. 긍정적인 조직 문화는 팀원들 간의 신뢰를 증진시키고 창의성을 촉진하며, 조직의 전반적인 목표를 달성하기 위한 긍정적인 에너지를 창출합니다. 이는 업무 수행만이 아니라 개인의 성장과 직장에서의 만족도에도 긍정적인 영향을 미칩니다.

나. 긍정적인 조직 문화의 효과

긍정적인 조직 문화는 창의성과 협업을 촉진하는 데 중요한 역할을 합니다. 직원들이 자유롭게 의견을 나누고 새로운 아이디어를 제시할 수 있는 환경은 긍정적인 조직 문화가 확립되어 있음을 나타냅니다. 이는 조직의 혁신과 발전을 위한 필수적인 조건으로 작용하며, 개인의 창의성이 조직 전체의 성과로 이어지는 효과를 가져옵니다.

다. 직장 만족도의 중요성과 영향 요소

직장 만족도는 직원이 자신의 일에 대해 얼마나 만족하고 있는지를 나타내는 지표입니다. 업무 환경, 업무 자체, 조직의 지원 및 리더십 등 다양한 요소에 영향을 받습니다. 만족도가 높을수록 직원은 높은 업무 효율성과 성과를 이루며, 조직에 대한 충성도도 향상됩니다. 따라서 직장 만족도는 조직의 안정성과 성과에 직결되는 중요한 측면으로 부상하고 있습니다.

라. 조직 문화와 직장 만족도의 상호 연관성

긍정적인 조직 문화와 직장 만족도는 서로 긍정적으로 연관되어 있습니다. 긍정적인 조직 문화가 형성되면 직원들은 자연스럽게 업무에 대한 참여와 흥미를 느끼게 되어 직장 만족도가 상승합니다. 더불어, 긍정적인 문화는 직원들 간의 소통과 협력을 촉진하며, 이는 직장 내의 관계 개선과 업무 효율성 향상으로 이어집니다.

제2항. 긍정적인 조직 문화 구축 전략

가. 조직 리더십의 역할

조직 리더십은 긍정적인 조직 문화를 형성하고 유지하는 데 결정적인 역할을 합니다. 리더는 조직의 가치와 목표를 명확하게 전달하고, 직원들 간의 상호 작용을 촉진하며, 긍정적인 팀 문화를 구축해야 합니다. 리더의 긍정적인 모습과 리더십 스타일은 직원들에게 영감을 주고, 조직 내에서 긍정적인 분위기를 조성합니다.

나. 직장 만족도와 성과

긍정적인 조직 문화와 직장 만족도는 단순히 직원들의 행복만을 위한 것이 아니라, 조직의 성과에도 긍정적인 효과를 가져옵니다. 만족도가 높은 직원들은 높은 업무 효율성과 성과를 이루며, 이는 조직의 경쟁력 향상으로 이어집니다. 따라서 직장 만족도를 향상시키는 것은 조직의 지속적인 번영을 위한 필수적인 요소로 간주됩니다.

다. 조직 문화의 변화와 지속적인 개선

긍정적인 조직 문화를 형성하고 유지하는 것은 간단한 일이 아닙니다. 그러나 조직은 지속적인 변화와 개선을 통해 긍정적인 문화를 구축할 수 있습니다. 이는 리더십의 노력, 팀 구성원들 간의 상호 작용 개선, 의사소통 강화 등 다양한 차원에서 이루어져야 합니다. 지속적인 개선은 조직이 변화하는 환경에 적응하고, 직원들의 요구에 부응하는 데 중요한 역할을 합니다.

"긍정적인 조직 문화와 직장 만족도"는 단순히 조직 내에서의 쾌적한 분위기를 넘어, 조직의 성과와 개인의 행복에 직접적인 영향을 미치는 주요한 키워드로 부상하고 있습니다. 긍정적인 조직 문화를 형성하고 유지하는 것은 조직이 미래에 대비하고, 직원들의 삶의 질을 향상시키는 중요한 요소로 간주됩니다. 이는 행복경제학이 추구하는 미래의 조직과 개인에게 조화롭고 긍정적인 미래를 모색하는 첫걸음일 것입니다.

제6절. 경제적 창의성과 경력 개발

현대 사회에서는 빠르게 진화하는 경제적 환경 속에서 30-50대 세대가 자신의 직업적 성공을 찾아가는 여정에서 두 가지 핵심 가치가 부각되고 있습니다. 그것은 경제적 창의성과 지속적인 경력 개발입니다.

제1항. 경제적 창의성과 경력 개발의 중요성

가. 경제적 창의성

경제적 창의성은 더 이상 부가적인 능력이 아니라, 현대 경제에서 생존과 성장을 위한 필수적인 능력으로 부상하고 있습니다. 창의성이란 새로운 아이디어와 접근법을 통해 문제를 해결하고, 기존의 틀을 벗어나 새로운 가치를 창출하는 능력을 의미합니다. 특히 30-50대 세대는 빠르게 진화하는 시대에 발맞추기 위해 창의성을 통해 새로운 길을 모색하고 있습니다.

나. 경제적 창의성의 본질과 중요성

경제적 창의성은 단순한 아이디어의 생성이 아니라, 새로운 제품, 서비스, 비즈니스 모델을 창출하는 과정에서 나타납니다. 이는 기업이 경쟁에서 독보적인 위치를 차지하고, 개인이 자신의 업무와 직업에서 높은 성과를 이루는 데 기여합니다. 창의성은 문제 해결과 혁신을 통해 사회적 가치를 창출하며, 이는 경제적으로도 지속적인 발전을 이루어 내는 원동력이 됩니다.

다. 경력 개발의 중요성과 요소

경력 개발은 직업적 성공을 향해 나아가는 여정에서 핵심적인 역할을 합니다. 이미 어느 정도의 경력을 쌓은 30-50대 세대라도, 지속적인 학습과 습득을 통해 새로운 기술과 지식을 습득하고 자기 계발을 이루어 내는 것이 필수적입니다. 이는 새로운 도전과 학습을 통한 경력 개발이 직무의 전문성을 향상시키며, 변화하는 시장에서 적응력을 키우는 데 기여한다는 점에서 중요합니다.

라. 창의성과 경력 개발의 상호 작용

경제적 창의성과 경력 개발은 서로 긍정적으로 상호 작용하고 있습니다. 창의성은 새로운 아이디어와 기술을 만들어 내면 이를 습득하고 적용하는 것이 경력 개발로 이어집니다. 역으로 경력 개발이 창의성을 촉진시켜 새로운 도전에 대비하고, 더 나은 성과를 이끌어 내는 원동력으로 작용합니다. 이러한 상호 작용은 개인의 성장과 기업의 지속적인 혁신을 이루어 내는 데 큰 역할을 합니다.

제2항. 창의성을 통한 경력 개발 전략

가. 창의성과 경력 개발의 영향

경제적 창의성과 경력 개발이 직업적 성공에 어떤 구체적인 영향을 미치는지 살펴보겠습니다. 창의성은 업무 성과를 향상시키는 원동력으로 작용합니다. 새로운 아이디어와 혁신은 기업의 경쟁력을 높이고, 개인의 업무 성과를 증진시킵니다. 또한, 경력 개발은 개인의 전문성 향상과 자기 만족감을 증진시켜 직업 만족도를 높이는 데 기여합니다.

나. 리더십의 역할

리더십은 조직 내에서 창의성을 촉진하고 개인의 경력 개발을 지원하는 데 중요한 역할을 합니다. 리더는 창의성을 장려하고 새로운 시도를 허용하는 문화를 조성하여 직원들의 창의적인 능력을 최대한 발휘하도록 유도해야 합니다. 또한, 개인의 경력 개발에 대한 리더의 지원은 팀의 전체 성과를 향상시키는 효과를 가져옵니다.

다. 창의성과 경력 개발을 통한 지속적인 성장

미래에 대한 대비를 위해서는 창의성과 경력 개발을 지속적으로 추구해야 합니다. 빠르게 변화하는 경제 환경에서는 새로운 도전에 대응하고 지속적인 성장을 이루어 내기 위해 창의성과 학습 능력이 무엇보다 중요합니다. 이는 30-50대 세대가 새로운 기회를 발견하고 미래에 대비하는 데에 큰 도움이 될 것입니다.

"경제적 창의성과 경력 개발"은 30-50대 세대의 직업적 성공을 위한 핵심적인 요소로 부상하고 있습니다. 이 두 가치는 서로 상호 작용하며 더 나은 미래를 모색하는 과정에서 높은 가치를 지닙니다. 창의성과 경력 개발은 개인의 성장과 조직의 지속적인 혁신을 이끌어 내어 행복한 사회와 번영하는 경제를 구현하는 데 있어서 필수적인 동력이 될 것입니다.

제6장

자기 계발과 행복한 삶의 경제학

제1절. 개인의 성장과 행복의 상호 작용

인생은 끊임없는 변화와 성장의 과정이며, 특히 30-50대의 나이대에서는 개인의 내적 성장이 더욱 중요한 의미를 갖습니다. 이 시기에는 경제적인 안정뿐만 아니라 자기 계발을 통한 내면의 강화가 필수적입니다. 자기 계발은 우리의 능력을 향상시키는 것뿐만 아니라 내면에서의 성장과 긍정적인 영향을 가져옵니다. 이에 따라 개인의 성장과 행복은 긴밀한 연관성을 맺고 있으며, 행복경제학의 관점에서 이를 탐구해 보고자 합니다.

제1항. 자기 계발과 행복경제학의 연계

가. 자기 계발의 본질

자기 계발은 단순한 실력 향상이 아닌 내면의 성장을 의미합니다. 기술적 역량뿐만 아니라 정신적, 감정적인 측면에서도 확장되는 과정이며, 마치 우리 자신을 깨우치고 더 나은 삶을 찾아가는 여정입니다.

나. 행복경제학의 관점에서의 자기 계발

자기 계발은 행복경제학에서 중요한 개념 중 하나인 자기 투자의 일환입니다. 이는 미래를 위한 투자로, 우리 자신에게 시간과 노력을 기울이는 것입니다. 단기적인 어려움을 극복하는 것뿐만 아니라 장기적으로는 우리의 삶을 풍요롭게 만들어 갑니다.

다. 성장과 안정의 상호 작용

30-50대의 나이대에서는 직업적인 안정과 경제적 성취가 중요합니다. 그러나 이는 단순한 안정만으로는 행복한 경제학을 이루기 어렵습니다. 개인의 내적 성장은 자기 계발을 통해 확고한 기반을 갖추게 하며, 이는 어려움을 극복하고 나아가는 데 도움이 됩니다.

제2항. 자기 계발의 긍정적인 영향

가. 자기 계발과 주변 환경

자기 계발은 우리의 삶뿐만 아니라 주변 환경에도 긍정적인 효과를 미칩니다. 성장과 발전하는 모습은 주변 사람들에게 영감을 주며, 이는 결국 주변 사회의 행복에 기여합니다. 특히 30-50대에서는 가족, 친구, 동료들에게 긍정적인 모델이 되는 것이 중요합니다.

나. 내적 성장과 자아실현

자기 계발은 개인의 능력을 최대한 발휘하고, 자아실현을 통해 내적인 만족을 이루는 과정입니다. 이는 우리를 자신감 있게 만들어 긍정적인 태도를 유지하는 데 도움을 줍니다. 더불어, 자기 계발을 통해 얻은 자부심은 우리에게 삶의 의미와 목적을 제시해 줍니다.

다. 자기 계발의 사회적 파급효과

자기 계발은 개인적인 만족뿐만 아니라 사회적인 영향도 가져옵니다. 우리가 성장하고 발전하는 모습은 다른 이들에게 긍정적인 영향을 끼치며, 결국은 우리 주변의 사회적 행복에 기여합니다. 이러한 과정에서 우리는 자기 계발을 통해 개인과 사회의 상호 작용이 어떻게 행복을 이끌어 내는지를 몸소 체험하게 됩니다.

제3항. 자기 계발과 행복의 상호 작용

가. 내적 성장과 행복의 연관성

자기 계발은 우리의 내적 성장을 이끌어 내며, 이는 행복한 경제학에서 강조하는 중요한 측면입니다. 우리가 내적으로 성장하고 성취감을 느낄 때, 이는 우리의 행복감을 높이는 원동력이 됩니다. 특히 자기 계발을 통해 얻은 스스로에 대한 자부심은 우리를 자신감 있게 만들어, 삶에 대한 긍정적인 태도를 유지하는 데 도움을 줍니다.

나. 30-50대의 자기 계발의 의미

30-50대에서의 자기 계발은 과거의 경험을 토대로 새로운 도전에 나서는 것입니다. 개인의 성장과 행복을 위한 지속적인 노력이며, 현재의 위치에서 미래를 위한 노력을 기울이는 것이 중요합니다. 이는 개인의 가치관을

다시 한번 되짚고, 진정으로 중요한 가치를 찾아가는 계기가 될 것입니다.

다. 지속적인 학습과 성장

자기 계발은 끊임없는 학습과 탐구의 과정입니다. 우리는 삶이라는 학교에서 끊임없이 배우고 성장하는 존재이며, 이는 우리의 행복에 직결됩니다. 새로운 지식을 습득하고 새로운 경험을 통해 우리는 자기 개발의 과정에서 더욱 풍부한 삶을 살게 됩니다.

라. 자기 계발과 삶의 목표 달성

자기 계발은 단순한 개인적 목표 달성만을 의미하는 것이 아닙니다. 이는 우리의 삶을 더 큰 의미와 목적으로 이끄는 과정입니다. 30-50대에서는 자신의 가치관을 되짚어 보고, 진정으로 중요한 가치를 찾아가는 과정이 될 것입니다.

이처럼 자기 계발은 개인의 성장과 행복의 상호 작용을 이끌어 내는 중요한 과정입니다. 개인이 내적으로 발전하고 성장함에 따라 행복한 경제는 더욱 뚜렷하게 드러납니다. 30-50대의 여러분들에게 자기 계발은 단순히 선택이 아니라, 행복경제학을 실천하는 하나의 방법으로 여겨져야 합니다. 계속해서 자기 계발에 힘을 쏟아 나가면, 더 풍요로운 삶과 행복한 경제를 창조할 수 있을 것입니다. 마음가짐을 가지고 긍정적으로 나아가는 여정에서 우리는 행복경제학의 핵심을 발견할 것입니다.

제2절. 삶의 목표 설정과 30-50대의 행복 추구

삶의 목표를 설정하고 이를 달성해 나가는 것은 30-50대의 중요한 과제 중 하나입니다. 이 시기는 과거의 경험을 토대로 미래의 방향을 결정하는 시기로, 목표를 가지고 행복한 삶을 추구하는 것은 그만큼 중요한 의미를 지닙니다.

제1항. 삶의 목표 설정과 자기 계발

가. 목표의 중요성과 자기 계발의 결합

삶의 목표를 설정하는 것은 우리에게 방향성을 부여하고, 자기 계발의 중심을 형성합니다. 목표가 없는 상태에서 우리는 마치 방황하는 배처럼 느껴지며, 목표를 가지고 나아가는 것은 우리에게 의미 있는 삶을 제공합니다. 특히 30-50대는 자기 계발과 목표 설정이 상호 보완적으로 결합되는 시기로, 목표를 향해 나아가면서 자기 계발을 실현하는 데 큰 의의가 있습니다.

나. 30-50대의 전환점

30-50대는 인생에서의 중요한 전환기로, 직업적 성취만큼이나 내적인 만족과 행복을 찾아가는 시기입니다. 이는 목표를 설정하고 이를 향해 나아가는 중요성을 강조하는 시점으로 볼 수 있습니다. 이때 세우는 목표는 단순히 외부적 성공만이 아니라, 내면에서의 성장과 풍요로운 삶을 추구하는 방향으로 나아가게 됩니다.

다. 목표 달성을 위한 자기 계발

목표를 향해 나아가기 위해서는 자기 계발이 필수적입니다. 목표를 달성하는 과정에서 우리는 새로운 기술과 지식을 얻게 되며, 이를 통해 성장하고 발전할 수 있습니다. 목표를 향해 노력하면서 우리는 자연스럽게 개인의 능력을 향상시키고 새로운 가능성을 발견하게 됩니다.

라. 동기 부여의 원동력

목표를 설정하면 우리는 그 목표를 향해 나아가는 데 동기 부여를 얻게 됩니다. 이 동기 부여는 우리가 어려움에 부딪혔을 때 일어서게 하는 원동력으로 작용합니다. 목표는 우리에게 미래의 가능성을 보여 주고, 그것을 향해 노력하게끔 만들어 줍니다.

제2항. 목표 설정의 사회적 영향

가. 사회적 가치와 목표 달성

목표를 향해 나아가는 것은 우리 주변의 사회적 가치에도 기여합니다. 목표를 달성함으로써 우리는 주변 사람들에게 영감을 주고, 우리의 성취는 사회적인 성취로 이어집니다. 특히 30-50대에서는 가족, 친구, 동료들에게 긍정적인 모델이 되어 나가는 것이 사회적 책임이기도 합니다.

나. 사회적 목표와 협력

삶의 목표를 형성할 때, 이를 사회적인 목표로 확장하는 것도 중요합니다. 우리의 목표가 사회적 가치와 어떻게 연결되는지 고려하면, 이는 우리가 더 큰 목표를 위해 협력하고 노력하는 계기가 됩니다. 목표를 달성하면서 우리는 개인의 성장뿐만 아니라 사회적인 측면에서도 기여하는 역할을 수행하게 됩니다.

다. 행복한 삶의 사회적 파급효과

목표를 설정하고 이를 향해 나아가면, 이는 우리의 사회적 행복에도 직결됩니다. 우리가 성공하고 행복한 삶을 살아가면, 이는 주변 사회에 긍정적인 파급효과를 불러일으켜 사회 전체의 행복 수준을 높이는 역할을 합니다. 목표 설정은 우리 개인적인 행복뿐만 아니라, 사회적인 행복에도 도움을 주는 것으로 나타납니다.

제3항. 목표 설정의 지속성과 유연성

가. 지속적인 목표 관리

목표를 설정하는 것은 단순히 한 번이 아닌 지속적인 관리가 필요합니다. 삶은 끊임없는 변화와 도전의 연속이기 때문에, 우리의 목표도 지속적으로 관리하고 조절해 나가야 합니다. 지속적인 목표 관리는 우리가 삶의 다양한 상황에 대처하고 적응하는 것을 도와줍니다.

나. 목표의 조절과 유연성

목표를 설정할 때 완벽한 계획을 세우기보다는, 삶의 변화에 따라 목표를 조절하고 적절히 유연하게 대처하는 것이 중요합니다. 우리의 목표는 변화하는 환경에 적응하고 지속적으로 발전해 나가는 과정에서 조절과 유연성이 필요합니다. 목표를 달성하려면 우리는 유연하게 계획을 수정하고 새로운 도전에 대처할 수 있는 능력을 기를 필요가 있습니다.

다. 실패와 학습

목표를 향해 나아가다 실패는 피할 수 없는 부분입니다. 그러나 실패는 단순한 좌절이 아닌, 학습과 성장의 기회로 삼아야 합니다. 실패에서 얻은 교훈은 우리가 더 나은 목표를 세우고 행복한 삶을 추구하는 데 도움이 되며, 이는 행복경제학을 실천하는 중요한 과정입니다.

30-50대는 삶의 목표를 설정하고 행복한 삶을 추구하는 중요한 시기입니다. 목표를 설정하고 이를 향해 나아가는 것은 우리에게 자기 계발의 기회를 제공하며, 이는 행복경제학을 실현하는 핵심입니다. 목표의 설정과 추구는 우리의 심리적, 사회적 효과를 초월하여 우리를 더 나은 삶으로 이끄는 역할을 합니다. 그러므로 30-50대의 여러분들에게 목표를 설정하고 이를 향해 나아가는 것은 행복한 경제를 창조하는 길일 것입니다. 함께 목표를 세우고 이루어 가며 우리는 더 풍요로운 삶과 행복한 경제를 창출할 수 있을 것입니다.

제3절. 30-50대의 개인 성장과 긍정적 행복

30-50대는 우리 삶에서 많은 경험을 쌓고, 지난 시간을 돌아보며 새로운 목표를 세우는 특별한 시기입니다. 이는 개인의 성장과 긍정적인 행복이 서로 교차하는 시점으로, 이번 절에서는 30-50대의 개인 성장이 어떻게 긍정적인 행복에 영향을 미치는지에 대해 체계적으로 탐구하고자 합니다.

제1항. 30-50대의 성장과 변화

가. 삶의 다양한 경험

30-50대는 다양한 삶의 경험을 맛보는 시기입니다. 직장에서의 성공과 실패, 가족과의 관계, 건강 문제 등 여러 측면에서의 경험들은 우리를 더욱 풍부한 인간으로 성장시킵니다. 이러한 경험들은 개인의 성장에 놓여진 중요한 구성 요소로 작용하며, 우리의 성격과 인식을 형성하는 과정에 기여합니다.

나. 자기 인식의 변화

30-50대에 도달하면서 우리는 자기에 대한 깊은 이해를 얻게 됩니다. 과거의 경험을 돌아보고 현재의 자아를 새롭게 인식하는 과정은 개인 성장과 밀접한 연관이 있습니다. 이러한 자기 인식의 변화는 긍정적이든 부정적이든, 새로운 목표를 세우고 향해 나아가는 데 원동력을 제공합니다.

다. 삶의 방향성 재조정

30-50대는 삶의 방향성을 재조정하는 시기로도 간주됩니다. 이때 우리는 새로운 목표를 설정하고 그 목표를 향해 노력함으로써 자신을 새롭게 도전에 놓이게 되며, 이는 우리의 성장과 긍정적인 행복을 가져오는 중요한 단계입니다.

제2항. 개인 성장과 긍정적 행복의 연결

가. 자기만족과 긍정적 감정

30-50대에 이르면서 우리의 개인 성장은 자기만족과 긍정적인 감정과 깊은 상관관계를 가집니다. 자신의 능력을 향상시키고 새로운 도전에 도전함으로써 얻는 성취감과 만족감은 우리를 긍정적인 행복의 방향으로 이끕니다.

나. 긍정적 관계와 연결성

개인의 성장은 주변 관계에도 긍정적인 영향을 미칩니다. 자기 발전에 힘쓰는 모습은 주변 사람들에게 긍정적인 영향을 끼치며, 이는 우리의 사회적 연결성을 강화합니다. 긍정적인 관계는 행복한 경제를 구축하는 데 필수적인 구성 요소입니다.

다. 자기 계발의 추구

자기 계발은 30-50대에 도달하면서 더욱 중요한 과제가 됩니다. 새로운 기술을 배우고 지식을 확장하는 과정에서 우리는 개인적 성장을 실현하며, 이는 긍정적 행복으로 이어집니다. 자기 계발은 지속적인 노력과 탐구를 통해 이루어지며, 이는 우리의 삶을 풍요롭게 만듭니다.

라. 긍정적 마인드셋의 구축

긍정적인 마인드셋은 행복한 경제를 형성하는 핵심 부분 중 하나입니다. 30-50대에서는 어려움과 도전에도 긍정적인 시각을 유지하면서 문제를 해결하려는 자세가 중요합니다. 이는 우리의 삶에 긍정적인 영향을 주며, 주변에도 긍정의 파급효과를 불러일으킵니다.

마. 유연성의 필요성

변화와 도전은 피할 수 없습니다. 30-50대에서는 목표를 향해 나아가면서 나타나는 어려움에 대처하고 적응하는 데 유연성이 필요합니다. 목표와 계획이 변화에 적응하고 새로운 상황에 빠르게 대처할 수 있는 능력은 우리가 지속적으로 긍정적 행복을 추구하는 데 도움이 됩니다.

30-50대는 많은 변화와 도전을 안겨 주는 소중한 시간입니다. 이러한 시기에 우리는 개인적인 성장을 통해 긍정적인 행복을 찾아가게 됩니다. 목표를 향해 나아가고, 자기 계발에 노력하며, 긍정적인 마인드셋을 구축하면서 우리는 지속적인 성장과 긍정적 행복을 이루어 나갈 것입니다. 함께해서 더욱 풍요로운 30-50대를 만들어 나가면서 우리는 더 나은 미래로 향해 갈 것입니다.

제4절. 개인 성장과 직업적 성취의 연계

30-50대, 그동안의 삶을 돌아보고 앞으로의 삶에 대한 기대와 도전의 시기입니다. 이는 우리 개인의 성장과 직업적 성취가 어우러지고 어떤 아름다운 조화를 이루며 우리 삶에 어떠한 긍정적인 영향을 끼치는지를 탐구하고자 하는 시간입니다.

제1항. 개인 성장과 직업적 성취의 조화

가. 성취가 주는 동기 부여와 성장

성취는 우리에게 지속적인 동기 부여를 제공합니다. 특히 직업에서의 성취는 우리의 역량을 증진시키고 능력을 발휘하는 과정에서 우리를 성장시킵니다. 목표를 향해 나아가고 성과를 창출함으로써 얻는 성취감은 우리를 더 나은 방향으로 성장시키는 기폭제가 되는 것입니다.

나. 긍정적인 피드백 루프의 형성

이러한 성장과 성취는 서로에게 긍정적인 피드백 루프를 형성합니다. 직업적 성취를 통해 얻은 성공과 만족감은 우리의 개인적인 성장을 더욱 가속화시키고, 이는 더 큰 목표를 향해 나아가고 달성하려는 의지를 강화합니다. 이런 긍정적인 피드백 루프는 성장과 성취가 상호 강화되며 우리를 지속적인 도약으로 이끕니다.

다. 직업적 성취의 내적 성장

직업에서의 성취는 우리의 역량을 향상시키고 새로운 기술과 지식을 습득하는 과정에서 우리를 성장시킵니다. 새로운 도전과 프로젝트를 통해 얻은 경험은 우리의 역량을 확장시키며, 이는 개인적인 성장의 중요한 부분으로 작용합니다.

라. 개인 성장의 직업적 성과로의 영향

개인의 성장은 직업에서의 성과에 긍정적인 영향을 끼칩니다. 더 나은 자아로 성장함에 따라 새로운 아이디어를 가져오고 문제 해결 능력을 향상시키며, 이는 직업에서의 성취에 직결됩니다. 개인 성장은 조직 내에서 창의성과 혁신을 촉진시켜 직업적 성과를 향상시킵니다.

제2항. 직업적 성취와 행복의 조화

가. 직업적 성취와 자아실현

직업적 성취는 우리에게 자아실현의 기회를 제공합니다. 목표를 달성하고 프로젝트를 성공적으로 마무리함으로써 우리는 자신에게 도전을 던지고 이를 이기는 쾌감을 느끼게 됩니다. 이러한 성취의 순간은 우리의 자아를 실현하는 과정으로, 개인 성장을 촉진시킵니다.

나. 직업적 성취의 행복과 연계

직업적 성취는 우리에게 진정한 행복을 가져다줄 수 있는 중요한 축이 됩니다. 목표를 달성하고 성과를 거두면서 얻는 성취감과 만족감은 우리를 행복의 경지로 이끕니다. 이는 단순히 직업에서의 성과뿐만 아니라, 개인 성장과의 조화를 통해 더욱 깊은 만족감을 제공합니다.

다. 개인 성장의 행복과 결합

반면에, 개인 성장은 우리에게 내적인 행복을 제공합니다. 자기 발전과 스스로의 극복은 우리를 만족스러운 삶으로 이끌며, 이는 직업에서의 성취와 결합될 때 더욱 강력한 행복을 만들어 냅니다. 이는 직업적 성취와 개인 성장이 상호 보완적으로 작용함을 의미합니다.

라. 행복한 직업과 개인 성장의 조건

행복한 직업과 개인 성장은 서로 연결되어 있습니다. 직업에서의 만족과 개인적인 성장은 둘 다 지속적인 학습과 도전을 통해 이루어집니다. 또한, 자기 계발과 목표 달성을 통해 이루어지는 개인 성장은 직업에서의 성취를 지속적으로 유지하는 원동력이 됩니다.

제3항. 직업적 성취와 개인 성장의 실천 방안

가. 지속적인 학습과 도전

지속적인 학습과 도전은 개인 성장과 직업적 성취를 동시에 실현할 수 있는 중요한 방안입니다. 새로운 기술 습득과 프로젝트 참여를 통해 우리는 직업에서의 성과를 높일 뿐만 아니라 개인적인 성장을 이룰 수 있습니다.

나. 목표의 설정과 자기 계발

목표의 설정과 자기 계발은 행복한 직업과 개인 성장을 이루어 나가는 핵심적인 방안 중 하나입니다. 명확한 목표를 설정하고 이를 향해 나아가면서 우리는 직업에서의 성취를 경험하면서 개인 성장도 이룰 수 있습니다.

다. 긍정적인 마인드셋의 유지

긍정적인 마인드셋은 어떤 상황에서도 긍정적인 행동을 취하고 문제에 대처하는 데 도움을 줍니다. 이는 직업적 성취와 개인 성장을 위한 필수적인 자세이며, 어려움에 부딪혔을 때도 긍정적인 시각을 유지하면서 성장의 기회로 삼을 수 있습니다.

30-50대는 개인의 성장과 직업적 성취가 아름다운 조화를 이루는 소중한 시기입니다. 성장과 성취는 끊임없이 양립하며 서로를 지속적으로 높여 가는 과정에서 우리의 삶에 더 큰 의미와 행복을 부여합니다. 직업에서의 성취와 개인 성장은 상호 보완적으로 작용하며, 이를 통해 우리는 더욱 풍요로운 삶을 살아가게 될 것입니다. 함께해서 더 나은 성장과 성취를 이루어 내며, 행복의 여정을 함께 나누어 가길 기대합니다.

제5절. 지속적인 학습과 30-50대의 행복

30-50대는 삶의 중요한 단계로, 이미 다양한 경험을 쌓아 왔지만 앞으로의 도전과 성장이 기다리고 있는 시기입니다. 이번 절에서는 지속적인 학습이 30-50대의 행복에 미치는 긍정적인 영향과 그 중요성을 탐구하고자 합니다.

제1항. 지속적인 학습과 성장의 연계

가. 끊임없는 성장의 원동력

지속적인 학습은 끊임없는 성장의 원동력으로 작용합니다. 새로운 지식과 기술의 습득은 우리 개인적인 역량을 높이고, 미래에 대한 탐험을 가능케 합니다. 특히 30-50대에서는 지속적인 학습이 삶에 활력과 의미를 부여하는 중요한 도구로 작용합니다.

나. 변화에 대처하는 능력 향상

지속적인 학습은 우리가 미래의 변화에 대처하는 데 필수적입니다. 기술과 사회의 변화에 적응하려면 새로운 지식과 기술을 학습하여 유연하게 대처할 수 있어야 합니다. 특히 30-50대에서는 이러한 적응 능력을 강화하여 자신을 더욱 발전시킬 수 있습니다.

다. 개인적인 성장과의 긍정적 상호 작용

지속적인 학습은 개인적인 성장과 긍정적인 상호 작용을 합니다. 새로운 지식을 습득하고 적용함으로써 우리는 자아의 확장과 함께 더 나은 버전의 자신을 찾아가는 여정에 참여하게 됩니다. 이러한 과정을 통해 30-50대에서의 성장과 행복을 더욱 촉진시킬 수 있습니다.

제2항. 30-50대에서의 학습의 가치와 의미

가. 능동적인 자기 발전의 의미

30-50대에서의 학습은 능동적인 자기 발전의 의미를 담고 있습니다. 이미 쌓인 경험을 토대로 새로운 분야에 도전하고 새로운 지식을 습득함으로써 우리는 더 넓은 시야에서 세상을 바라볼 수 있습니다. 이는 우리의 삶에 다양성과 풍요로움을 불러일으킵니다.

나. 직업적 성취와의 연계

30-50대에서의 학습은 직업적 성취와 강력한 연계를 이룹니다. 새로운 기술과 지식의 습득은 직무에서의 역량을 향상시키며, 이는 직업적인 성취에 직결됩니다. 또한, 학습을 통해 개인의 가치를 높이고 새로운 기회를 창출하는 데에도 기여합니다.

다. 삶의 의미와 풍요로움의 증진

30-50대에서의 지속적인 학습은 삶의 의미와 풍요로움을 증진시킵니다. 자기 계발과 학습을 통해 우리는 더 깊은 만족감과 성취감을 느끼게 되며, 이는 행복한 삶으로의 발전을 불러일으킵니다. 주변 환경과의 소통을 통해 삶의 풍요로움을 더욱 극대화시킬 수 있습니다.

제3항. 지속적인 학습의 실천 방안과 효과

가. 도전과 실패에서의 배움

도전과 실패는 학습의 중요한 부분입니다. 30-50대에서는 새로운 도전을 통해 자기를 발전시키고, 실패에서는 교훈을 얻어 다음 도전에 더 나은 준비를 할 수 있습니다. 이러한 과정을 통해 우리는 더욱 강인하게 성장할 수 있습니다.

나. 지속적인 자기 평가와 목표 설정

자기 평가와 목표 설정은 학습의 지속성을 유지하는 데 중요한 역할을 합니다. 주기적으로 자기를 돌아보고 어떤 부분을 더 발전시켜야 할지를 고민하며 목표를 세우면, 우리는 더욱 효과적인 학습을 이룰 수 있습니다.

30-50대에서의 지속적인 학습은 우리에게 행복의 지름길을 열어 줍니다. 삶의 다양한 영역에서의 성장과 성취를 통해 우리는 더욱 풍요로운 삶을 살아갈 수 있습니다. 지속적인 학습은 개인적인 성장과 직업적 성취를 높이는 데에 큰 기여를 하며, 이는 행복한 30-50대를 만들어 가는 데에 필수적입니다. 함께하여 새로운 지식과 경험을 쌓고, 지속적인 도전을 통해 더 나은 자아를 찾아가길 기대합니다.

제6절. 직업적 목표 달성과 긍정적 삶의 만족도

30-50대는 삶에서의 다양한 경험을 쌓아 가는 중요한 시기로, 이 단계에서의 직업적 목표 달성이 어떠한 영향을 미치는지 살펴보고자 합니다.

제1항. 직업적 목표 달성의 중요성

가. 목표 달성과 자아실현

직업적 목표 달성은 우리의 자아실현에 중요한 역할을 합니다. 목표를 세우고 이를 달성함으로써 우리는 자신의 능력과 역량을 실제로 발휘할 수 있는 기회를 갖게 되며, 이는 개인적인 성취감과 만족감을 가져다줍니다.

나. 직업적 성공과 자신감

직업적 목표 달성은 직업적 성공으로 이어질 때 자신감을 키우는 데에 기여합니다. 목표를 달성함으로써 우리는 자신에게 주어진 임무를 완수할 능력을 확인하게 되며, 이는 자신감을 향상시켜 긍정적인 마음가짐을 유지하는 데 도움을 줍니다.

다. 직업적 목표 달성과 삶의 방향성

직업적 목표 달성은 우리의 삶에 방향성을 부여합니다. 목표를 향해 나아가면서 우리는 미래에 대한 비전을 가지게 되며, 이는 삶에 대한 명확한 방향을 제시해 줍니다. 이러한 목표 지향성은 행복한 삶을 이룰 수 있는 기반이 됩니다.

제2항. 긍정적 삶의 만족도와의 관계

가. 목표 달성과 만족도의 상호 작용

직업적 목표 달성과 삶의 만족도는 긍정적인 상호 작용을 합니다. 목표를 달성하면 성취감과 만족감이 증가하게 되며, 이는 삶의 다양한 영역에서 긍정적인 영향을 미칩니다. 직업적 목표 달성은 우리를 자발적으로 행복한 삶으로 이끄는 동력이 됩니다.

나. 목표의 중요성과 만족도의 영향

목표 달성이 만족도에 미치는 영향은 그 중요성에서 기인합니다. 목표를 통해 우리는 삶에 목적을 부여하고, 이는 우리가 일상적인 어려움을 극복하며 더 나은 삶을 살아가도록 도와줍니다. 따라서 목표의 중요성이 높을수록 만족도에 긍정적인 영향을 미칠 것입니다.

다. 목표 달성과 긍정적 마인드셋

목표를 달성하면서 우리는 긍정적인 마인드셋을 형성하게 됩니다. 어려운 도전이나 실패에 직면하더라도 목표를 향해 나아가는 과정에서 얻는 성장과 교훈은 우리를 더욱 강하고 긍정적인 사고로 이끄는 원동력이 됩니다.

제3항. 직업적 목표 달성의 실천 방안과 효과

가. 목표의 명확한 설정과 계획

목표의 명확한 설정과 계획은 목표 달성의 핵심입니다. 목표를 구체적으로 설정하고 이를 달성하기 위한 계획을 세우면, 목표에 도달하기 위한 첫걸음을 내딛게 되며 이는 행복한 삶을 위한 중요한 출발점이 됩니다.

나. 유연한 대처와 도전

목표를 향해 나아가면서 우리는 다양한 도전에 부딪히게 됩니다. 이러한 도전에 유연하게 대처하면서 실패에서도 긍정적인 교훈을 얻을 수 있습니다. 유연한 마인드셋으로 도전을 받아들이고 극복하는 과정이 행복한 삶을 이루는 데에 중요한 역할을 합니다.

다. 지속적인 자기 발전과 목표의 수정

30-50대에서의 직업적 목표 달성을 위해서는 지속적인 자기 발전이 필수적입니다. 변화하는 환경에 적응하려면 새로운 지식과 기술을 습득하면서 목표를 조정하고 수정하는 것이 중요합니다. 이를 통해 목표 달성의 성공 확률을 높일 수 있습니다.

30-50대에서의 직업적 목표 달성은 행복한 삶을 만들어 가는 과정에서 중요한 구성 요소입니다. 목표 달성은 자아실현과 자신감 향상을 가져오며, 이는 긍정적인 삶의 만족도를 높이는 데에 큰 역할을 합니다.

제2부

60-80대를 위한
행복경제학

Ubiquitous Happiness Economics

제1장

은퇴의 경제학

제1절. 은퇴와 긍정적 자립의 시작

인간의 삶은 끊임없는 전환과 변화의 연속체입니다. 그중에서도 은퇴는 삶의 한 단계에서 다음 단계로의 큰 전환을 의미합니다. 특히 60-80대 세대에게는 이러한 은퇴의 순간이 도래하면서, 새로운 미래에 대한 불확실성과 두려움이 함께 다가옵니다. 이는 개인과 사회 전반에 걸쳐 다양한 영향을 미치게 되는데, 이번 절에서는 은퇴의 긍정적 자립의 시작에 대한 경제학적 관점에서의 해석과 함께, 이로 인해 창출되는 긍정적 영향력에 주목하고자 합니다.

제1항. 은퇴의 경제학적 해석

가. 은퇴의 의미

은퇴는 단순한 직장에서의 퇴사가 아닌, 인생의 한 장을 마무리하고 다른 문을 열어 놓는 의미가 깊은 결정입니다. 그중에서도 명예퇴직 또는 은퇴는 어떠한 나이에 속해 있든 개인의 경험과 노고에 대한 인정의 표시로 받아들여집니다. 새로운 시작 또는 두 번째의 출발로 이해되는 명예퇴직 또는 은퇴는, 개인의 가치를 새롭게 평가받는 경험으로 볼 수 있습니다.

나. 경제학적 측면에서의 은퇴

명예퇴직은 노동시장에서의 은퇴를 의미하는 동시에, 이로 인해 생겨나는 여러 경제적 파급효과를 내포하고 있습니다. 먼저, 은퇴한 인원은 노동시장에서 물러나게 되어, 새로운 인력을 받아들이는 기회가 열립니다. 이는 노동 시장의 유동성을 높이고, 새로운 일자리 창출에 기여하는 긍정적인 측면을 지닙니다.

제2항. 은퇴와 자립의 상관관계

가. 자립은 새로운 도전의 시작

은퇴로 인해 생겨난 여유 시간은 새로운 도전에 대한 기회로 여겨져야 합니다. 은퇴 이후에 자립은 단순한 휴식이 아닌, 새로운 관심사나 취미를 찾아가는 여정의 시작입니다. 이는 자립이 은퇴 이후의 삶을 더욱 풍요롭게 만들어 가는 핵심적인 과정으로 여겨집니다. 자립은 과감한 도전의 발판이 되어, 두려움이 아닌 자기 발전의 기회로 받아들여져야 합니다.

나. 금전적 안정과 자립

은퇴와 함께 자립은 금전적 안정과 긴밀한 관련이 있습니다. 명예퇴직으로 인해 소득이 감소하는 상황에서, 적절한 금융 계획과 재무 전략은 자립의 핵심적인 부분입니다. 금전적 안정은 자유와 독립으로 이어지며, 이는 자립을 더욱 강화시키는 역할을 합니다. 금전적인 자립은 새로운 도전에 대한 용기를 부여하고, 삶의 품격을 높이는 토대가 됩니다.

다. 노후를 위한 계획과 자립

은퇴를 앞두고 적절한 노후 계획을 세우는 것은 자립을 위한 필수 과제입니다. 이 계획은 금전적 안정뿐만 아니라, 건강, 사회 참여, 교육 등 다양한 측면에서의 계획이 필요합니다. 이러한 종합적인 계획은 은퇴 이후의 삶을 안정적으로 이끌어 가면서 동시에 긍정적인 자립을 유지하는 데 도움을 줄 것입니다.

제3항. 은퇴의 긍정적 효과

가. 긍정적 자립의 시작

은퇴는 자립의 시작이기도 합니다. 평소에 소홀했던 취미나 관심사에 대한 시간을 할애할 수 있는 여유를 가져옴으로써, 명예퇴직자들은 긍정적 자립의 출발선에 섭니다. 새로운 도전과 학습은 낯섦이 아닌 자아실현의 가능성으로 받아들여져야 합니다. 이러한 자립은 금전적 안정과 함께 새로운 도전에 대한 용기를 부여합니다.

나. 새로운 사회 참여와 기부

은퇴 후에도 사회 참여는 계속되어야 합니다. 명예퇴직자들은 그동안의 경험과 지식을 사회에 기여할 수 있는 기회를 찾아봐야 합니다. 자원봉사나 커뮤니티 활동을 통해 새로운 인연을 만들고, 사회적 기여를 통해 더 큰 만족감을 느낄 수 있습니다. 이는 명예퇴직자가 자신의 경험을 다른 이들과 나누며, 새로운 가치를 창출하는 방법 중 하나로 여겨집니다.

다. 정서적 안정과 행복의 균형

명예퇴직은 금전적 안정뿐만 아니라, 정서적 안정을 찾는 것도 중요합니다. 가족과의 소통, 새로운 친구들과의 만남, 그리고 여가 활동은 정서적인 안정을 얻을 수 있는 방법 중 하나입니다. 행복한 은퇴 생활은 금전적 안정과 함께 정서적 안정을 찾아가는 여정이기도 합니다.

명예퇴직 또는 은퇴와 긍정적 자립의 시작은 개인뿐만 아니라 사회에도 긍정적인 영향을 미칩니다. 이는 경제적 안정과 더불어 자아실현의 기회를 제공하며, 다양한 사회 참여와 기부를 통해 새로운 가치를 창출합니다. 은퇴는 단순히 노후의 시작이 아니라, 더 풍요로운 삶을 위한 새로운 시작이라고 할 수 있습니다. 경제학적 시각에서 바라보았을 때, 명예퇴직은 긍정적인 자립과 행복의 출발점으로 여겨져야 합니다. 미래에 대한 두려움을 떨쳐 내고, 은퇴를 기회의 문으로 받아들이는 것이, 개인과 사회가 함께 걸어갈 행복한 여정의 시작일 것입니다.

제2절. 자녀 출가와 새로운 시작

인생의 여정에서 한 장을 더 넘기는 것, 자녀 출가는 가족 구조와 부모의 인생에서 새로운 단계를 의미합니다. 이는 60-80대 세대에게 새로운 시작의 문을 열어 주는 동시에, 긍정적인 영향력을 미칠 수 있는 과정으로 이해됩니다. 이번 절에서는 자녀 출가와 이로 인한 긍정적인 변화를 논리적이고 체계적으로 살펴보고자 합니다.

제1항. 자녀 출가와 부모의 독립

가. 자녀 출가의 의미

자녀 출가는 가족에서의 새로운 이동을 의미합니다. 자녀가 독립하면서, 부모는 자유롭고 독립적인 생활을 경험하게 됩니다. 이는 과거의 부모-자녀 관계에서 벗어나, 새로운 가족 동적의 시작을 의미합니다. 이는 자녀에 대한 보살핌과 책임에서 벗어나, 자신만의 인생을 더욱 다양하게 살아갈 수 있는 기회로 이어집니다.

나. 부모의 자유와 독립

자녀 출가는 부모 세대에게 새로운 자유와 독립의 문을 열어 줍니다. 그동안 부모는 자녀의 성장과 교육에 주력해 왔기 때문에, 자녀 출가는 이들에게는 자신만의 시간과 공간을 채워 나갈 수 있는 기회를 제공합니다. 자유롭고 독립적인 삶은 부모 세대가 새로운 취미를 찾거나 미처 즐기지 못한 관심사를 탐험하는 데 도움을 줄 것입니다.

다. 가족 관계의 새로운 동적

자녀 출가는 가족 구조와 부모-자녀 간의 관계를 완전히 새로운 동적으로 이끕니다. 자녀의 독립은 부모-자녀 간의 관계에서 종종 중재자 역할을 하는 부모를 벗어나, 더욱 동등한 관계로의 전환을 의미합니다. 부모는 더 이상 단순히 가르침과 지도자일 뿐만 아니라, 동시에 자녀로부터 배울 수 있는 새로운 기회를 갖게 됩니다.

제2항. 자녀 출가와 새로운 소통의 시작

가. 자녀 출가와 자아 찾기

자녀 출가는 부모 세대에게 자아를 찾는 여정의 새로운 시작을 제공합니다. 이는 그동안 부모로서의 역할에 몰두하면서 미처 찾지 못했던 자신의 가치와 목표를 찾아가는 과정을 의미합니다. 이는 부모가 다양한 경험을 통해 자신을 발전시키고, 더 나은 삶을 살아가는 여정으로 이어질 것입니다.

나. 부모와 자녀 간 새로운 소통

자녀 출가는 부모와 자녀 간의 소통을 새로운 수준으로 끌어올립니다. 자녀가 독립하면서, 양측은 서로의 삶에 대한 이해를 높이게 됩니다. 부모는 자녀의 독립을 응원하고, 동시에 자녀는 부모의 새로운 시작을 존중함으로써 더욱 깊은 우정과 이해를 형성하는 계기가 됩니다.

다. 자녀 출가와 경제적 안정

자녀 출가는 부모 세대에게 경제적인 안정을 가져다줄 수 있습니다. 자녀의 독립은 가족의 경제적 부담을 줄여 주며, 부모는 자신만의 인생을 위해 더 많은 자원과 시간을 투자할 수 있게 됩니다. 이는 부모 세대가 자신만의 삶을 즐기는 데 긍정적인 영향을 미치게 될 것입니다.

자녀 출가는 부모 세대에게 긍정적인 영향력을 미치는 여러 가지 변화와 기회를 제공합니다. 부모들은 새로운 자유와 독립의 문을 열고, 자신만의 삶을 더욱 풍부하게 만들 수 있는 기회를 갖게 됩니다. 가족 관계의 새로운 동적과 자아 찾기, 그리고 더 깊은 소통과 경제적 안정은 부모 세대가 자녀 출가를 긍정적으로 받아들일 수 있도록 도움을 줄 것입니다. 이러한 과정은 결국 가족 구성원 모두에게 풍요로운 삶을 가져다줄 것이며, 자녀 출가는 부모 세대에게 새로운 시작의 기회로 여겨져야 합니다.

제3절. 규칙적이고 안정적인 금전적 소득의 중요성

은퇴는 우리 삶에서 큰 전환점 중 하나입니다. 그동안의 업무와 일상적인 스트레스에서 벗어나 여유로운 시간을 누리는 것이 은퇴의 목표이지만, 이러한 새로운 삶의 단계에서 경제적인 안정은 중요한 역할을 합니다. 특히 규칙적이고 안정적인 금전적 소득은 은퇴 생활을 보다 풍요롭게, 안락하게 만들어 주는 데 핵심적인 역할을 하는 것으로 여겨집니다.

제1항. 은퇴와 경제적 안정의 중요성

가. 은퇴와 경제적 불안

은퇴는 단순히 업무에서의 퇴사가 아니라, 재정적인 안정성을 포함한 다양한 변수들이 연결된 복합적인 결정입니다. 이로 인해 많은 사람들이 은퇴 후의 경제적인 불안을 경험하게 됩니다. 은퇴는 예기치 못한 의료 비용, 생활비의 상승, 경제 불안 등과 연관되어 있습니다. 이러한 불안은 규칙적이고 안정적인 소득이 없다면 은퇴 생활을 어렵게 만들 수 있습니다.

나. 규칙적인 소득의 예측가능성

은퇴 후의 삶에서의 가장 큰 고민 중 하나는 불확실성입니다. 은퇴자들은 고정된 생활비와 예상치 못한 지출을 고려해야 합니다. 이때 규칙적인 소득은 예측가능성을 제공합니다. 규칙적인 소득은 매달 계속되는 지출 패턴에 안정성을 더해 주어 은퇴자들이 미래를 더욱 예측하고 계획하며 살아갈 수 있도록 합니다.

다. 생활의 품질과 안정된 소득

안정된 소득은 은퇴 후의 생활 품질을 높여 줍니다. 은퇴는 휴식과 여가를 즐기는 시기이지만, 이를 위해서는 안정된 경제적 기반이 필요합니다. 규칙적이고 안정된 소득은 문화생활, 여행, 다양한 취미 활동 등을 통해 은퇴 생활을 더욱 풍요롭게 만들어 줍니다.

라. 금전적 스트레스 해소

금전적인 불안은 은퇴 생활에서의 큰 걸림돌 중 하나입니다. 한정된 자원을 효과적으로 관리하지 못하면 금전적인 스트레스는 쉽게 찾아올 수 있습니다. 규칙적이고 안정된 소득은 금전적인 불안을 해소하고, 심리적 안정을 가져다주어 은퇴 생활을 보다 만족스럽게 만들어 줍니다.

제2항. 경제적 안정과 은퇴 후의 생활과의 상관관계

가. 재투자와 경제적 안정

규칙적인 소득은 재투자를 통해 경제적 안정을 높일 수 있는 기회를 제공합니다. 은퇴 후에도 자산을 효과적으로 운용하고 능동적으로 투자함으로써 재투자 수익을 창출할 수 있습니다. 이는 은퇴 생활을 더욱 풍요롭게 만들어 주며, 금전적 자유를 높일 수 있습니다.

나. 사회 참여와 안정된 경제 기반

안정된 소득은 사회 참여의 가능성을 확장합니다. 은퇴자들은 여가 시간을 활용하여 다양한 사회 활동에 참여하고 싶어 합니다. 그러나 경제적 제약이 있으면 이러한 참여가 어려울 수 있습니다. 규칙적인 소득은 은퇴자가 원하는 사회 참여에 적극적으로 참여할 수 있도록 도와줍니다.

다. 가족과의 관계 강화

안정된 소득은 가족과의 관계를 강화하는 데 도움을 줍니다. 가족은 서로의 경제적인 안정을 공유하면서 더욱 긍정적인 관계를 형성할 수 있습니다. 안정된 소득은 가족들이 함께 즐길 수 있는 활동을 지원하고, 더 풍요로운 가족 관계를 형성할 수 있도록 합니다.

은퇴는 우리 삶에서 큰 전환점이지만, 이를 즐겁고 안락하게 만들기 위해서는 경제적인 안정이 필수입니다. 규칙적이고 안정된 금전적 소득은 은퇴 후의 불안한 경제적 상황을 예방하고, 미래를 계획하며 안정적인 은퇴 생활을 즐길 수 있도록 돕는 중요한 도구로 자리매김하고 있습니다. 이러한 안정된 소득은 예측가능성, 생활 품질 향상, 금전적 스트레스 해소, 재투자와 경제적 안정, 사회 참여 확대, 가족과의 관계 강화 등 다양한 측면에서 긍정적인 영향을 미치며, 은퇴를 두려워하지 않고 긍정적으로 받아들일 수 있도록 돕습니다.

제4절. 자립을 위한 금전적 기반 구축

은퇴는 우리 삶의 큰 단계 중 하나로, 새로운 시작과 함께 삶의 터닝 포인트가 됩니다. 특히, 이 특별한 시점에서 금전적인 자립을 위한 견고한 기반을 구축하는 것은 매우 중요합니다. 이 절에서는 은퇴 후의 자립을 위해 어떻게 실질적인 금전적 기반을 마련할 수 있는지에 대해 살펴보고자 합니다.

제1항. 은퇴와 경제적 자립의 중요성

가. 은퇴 후 자립의 필요성

은퇴는 새로운 삶의 시작이지만, 동시에 금전적 자립이라는 과제를 제시합니다. 자립은 은퇴 생활을 안정적이고 안락하게 만들기 위해 필수적입니다. 금전적인 자립은 은퇴 후의 여유로움을 누릴 수 있도록 하는 중요한 도구가 될 것입니다.

나. 예비 은퇴기의 금전 계획

자립을 위한 첫걸음은 예비 은퇴기에 신중하게 계획된 금전적인 기반을 마련하는 것입니다. 산업계에서는 이른 은퇴를 장려하는 흐름이 있지만, 이는 잘 계획되지 않은 금전적 기반 없이는 위험한 시도로 이어질 수 있습니다. 금전적 계획은 은퇴 후의 생활비, 의료 비용, 여가 활동 등을 고려한 자금 운용 계획을 수립하는 것을 의미합니다.

제2항. 은퇴 후의 경제적 자립 실현 전략

가. 재투자와 투자 다변화

은퇴를 앞두고 금전적 자립을 위해서는 투자에 대한 명확하고 전략적인 접근이 필요합니다. 재투자와 투자의 다변화는 안정적인 수입원을 확보하는 데 도움을 주고 금전적인 안정성을 높일 수 있습니다. 주식, 채권, 부동산 등 다양한 자산 클래스에 투자하여 금융 리스크를 분산시키는 것은 은퇴 후의 금전적 자립을 위한 중요한 전략입니다.

나. 금전적 비상 대책

금전적 자립은 예상치 못한 상황에 대비하는 것도 포함합니다. 급격한 의료 비용이나 예상치 못한 비용 증가에 대비하여 금전적인 비상 대책을 마련하는 것은 은퇴 후의 안정성을 높이는 중요한 부분입니다. 금전적인 안전망은 예기치 못한 돌발 상황에 대응하는 데에 큰 역할을 합니다.

다. 사회 보장체계의 이해

은퇴 후의 금전적 자립은 개인 노력뿐만 아니라 사회 보장체계에 대한 이해도 필요합니다. 은퇴 후의 연금, 건강보험, 사회 복지 혜택 등을 효과적으로 활용하는 것은 금전적인 자립을 지속적으로 유지하는 데에 중요한 역할을 합니다. 이를 위해 적절한 상담과 정보 수집이 필요합니다.

라. 새로운 수입원 모색

은퇴 후에도 자립적인 생활을 위해 새로운 수입원을 모색하는 것은 중요합니다. 은퇴 후에도 자신의 기술이나 경험을 활용하여 창업하거나 자율적으로 일할 수 있는 방법을 찾는 것은 자립을 높이는 한 방법일 수 있습니다. 또한 특정 분야에서의 컨설턴트나 튜터로 활동하는 것 역시 자립을 위한 수입의 한 형태일 수 있습니다.

마. 재능과 취미를 통한 수익 창출

은퇴 후의 자립은 자신의 재능과 취미를 통해 수익을 창출하는 것에도 기반합니다. 예를 들어, 예술, 공예, 글쓰기 등의 활동을 통해 창작물을 판매하거나 강의를 통해 지식을 전하면서 수익을 얻는 것은 금전적 자립을 높이는 한 방법일 수 있습니다.

은퇴 후의 자립은 금전적인 안정성과 실질적인 계획에 기반합니다. 예비 은퇴기의 금전 계획, 재투자와 투자 다변화, 금전적 비상 대책, 사회 보장체계의 이해, 새로운 수입원 모색, 그리고 재능과 취미를 통한 수익 창출은 모두 은퇴 후의 자립을 구축하기 위한 중요한 단계입니다. 이러한 노력들이 은퇴 후의 삶을 안정적이고 풍요로운 것으로 만들어 주며, 긍정적인 자립의 시작을 의미합니다. 은퇴 후의 여정에서 금전적인 자립을 향한 노력은 더 나은 행복경제학을 향해 나아가는 첫걸음일 것입니다.

제5절. 가족과의 긍정적인 연결과 지원

은퇴는 인생의 새로운 장으로의 초대를 의미합니다. 이는 뿌리 깊은 가족과의 연결이 더욱 중요해지는 순간이기도 합니다. 이번 절에서 은퇴 후의 가족과의 긍정적인 연결과 지원이 어떻게 우리의 행복경제학에 기여하는지에 대해 심층적으로 탐구하고자 합니다.

제1항. 가족과의 긍정적인 연결의 중요성

가. 가족의 새로운 역할

은퇴 후, 가족은 우리 삶에서 새로운 의미를 부여받게 됩니다. 가족은 더 이상 단순히 혈연적인 관계만을 나타내지 않습니다. 그들은 우리의 지지자이자 안정의 원천이 되며, 서로 간의 긍정적인 연결은 우리에게 새로운 활력을 주어 은퇴 생활을 보다 풍요롭게 만들어 줍니다.

나. 감사와 공감의 힘

은퇴 후의 가족과의 연결은 감사와 공감에 뿌리를 두고 있습니다. 서로에게 감사하고 이해하면, 가족 간의 긍정적인 상호 작용이 자연스레 발전하게 됩니다. 감사와 공감은 가족 간에 서로를 지지하고 응원하는 데에 핵심적인 역할을 하며, 이는 가족 관계의 품질을 높이는 데 기여합니다.

다. 강화된 가족 지원 체계

은퇴 후의 가족과의 긍정적인 연결은 강화된 가족 지원 체계를 통해 더욱 견고해집니다. 금전적인 지원뿐만 아니라 정서적인 지원이 뒷받침되어야 합니다. 가족 간의 소통과 상호 지원은 은퇴 후의 새로운 도전을 함께 극복하는 데 중요한 역할을 합니다.

제2항. 가족과의 긍정적인 연결 강화 전략

가. 공동의 취미와 활동

가족과의 긍정적인 연결을 강화하는 한 가지 방법은 가족 모두가 즐길 수 있는 공동의 취미와 활동을 찾는 것입니다. 함께하는 활동은 가족 간의 유대감을 강화하고, 새로운 경험을 나누며 긍정적인 에너지를 창출합니다. 이를 통해 은퇴 후의 가족생활은 더욱 다채로워지고 풍요로워질 수 있습니다.

나. 가족 회의와 의사소통 강화

가족 간의 긍정적인 연결은 의사소통을 강화함으로써 이루어집니다. 은퇴 후의 계획, 욕구, 어려움 등을 가족회의를 통해 솔직하게 나누면서 은퇴 생활의 방향을 함께 결정할 수 있습니다. 이러한 공동의 결정은 가족 구성원 간의 상호 존중과 연결을 강화하는 데 기여합니다.

다. 가족적 지지와 정서적 안정성

은퇴 후의 가족과의 긍정적인 연결은 가족적인 지지와 정서적 안정성에 크게 의존합니다. 서로를 지지하고 응원하는 가족의 역할은 은퇴 후의 변화에 대응하는 데에 큰 도움을 줍니다. 가족 간의 믿음과 안정성은 은퇴 후의 여정을 훨씬 즐겁고 안락하게 만들어 줄 것입니다.

라. 세대 간의 이해와 존중

은퇴 후의 가족과의 긍정적인 연결은 세대 간의 이해와 존중을 바탕으로 합니다. 서로 다른 세대 간의 가치관과 생활양식을 이해하고 존중함으로써 가족 구성원 간의 긴장을 완화하고 긍정적인 관계를 유지할 수 있습니다. 세대 간의 이해는 가족 내에서의 조화로운 연결을 더욱 촉진합니다.

은퇴 후의 가족과의 긍정적인 연결과 지원은 더 나은 행복경제학을 위한 필수적인 부분입니다. 감사와 공감, 강화된 가족 지원 체계, 공동의 취미와 활동, 가족회의와 의사소통 강화, 가족적 지지와 정서적 안정성, 그리고 세대 간의 이해와 존중은 모두 은퇴 후의 가족과의 긍정적인 연결을 증진시키는 방법입니다. 이러한 연결은 은퇴 후의 생활을 보다 풍요롭게 만들어 주며, 가족 간의 소중한 연결은 행복경제학의 핵심 가치를 빛나게 합니다. 삶의 새로운 장에 가족과 함께하는 긍정적인 여정이 펼쳐질 것입니다.

제2장

안정의 경제학

제1절. 행복과 은퇴 생활의 경제적 안정성

우리의 삶은 시간이 흐를수록 변화하고, 특히 60-80대로 접어들면서 우리는 여러 가지 새로운 도전과 기회를 마주하게 됩니다. 노년은 우리 삶의 마지막 단계로서 여유와 안정을 누릴 수 있는 소중한 시간이자, 새로운 경험을 쌓을 수 있는 기회의 시기입니다. 이러한 소중한 순간을 행복하게 보내기 위해서는 경제적인 안정성이 필수적입니다.

제1항. 노년의 행복과 경제적 안정성의 중요성

가. 행복과 경제적 안정성

노년은 삶의 정점 중 하나로, 경제적인 안정성이 행복과 직결된 핵심적인 요소 중 하나입니다. 행복한 노후를 위해서는 생활비, 의료비, 여가 활동, 문화 소비 등을 고려하여 안정된 경제 기반을 마련해야 합니다. 경제적 안정성은 은퇴 생활을 편안하게 보낼 수 있는 필수적인 전제조건으로 작용하며, 이를 위해서는 적절한 금융 계획과 투자 전략이 필요합니다.

나. 은퇴 생활의 다양한 도전

은퇴 생활은 새로운 도전과 기회로 가득 찬 시기입니다. 이 단계에서는 더 이상 직장에서의 업무에 종사하지 않아도 되기 때문에 다양한 활동에 참여하거나 새로운 취미를 찾는 등 다양한 옵션이 열립니다. 그러나 이러한 다양한 활동을 즐기기 위해서는 경제적인 안정성이 기반이 되어야 합니다. 예를 들어, 해외여행이나 문화 행사 참여를 원할 경우 이를 위한 자금이 충분히 마련돼 있어야 합니다.

다. 경제적 안정성의 중요성

긍정적인 경제적 안정성은 노년에만 국한되지 않습니다. 이는 우리의 삶 전반에 걸쳐 중요한 역할을 합니다. 노년에 안정된 경제적 기반을 마련함으로써 우리는 자신의 가치와 삶의 목표를 실현하는 여유를 얻을 수 있습니다. 이는 자존감을 높이고, 긍정적인 마음가짐을 유지하는 데에 도움이 됩니다.

제2항. 경제적 안정성의 긍정적 효과

가. 안정의 경제학이 주는 긍정적인 영향력

안정의 경제학은 우리의 노년을 보다 풍요롭게 만들어 줄 수 있는 긍정적인 영향력을 지닙니다. 경제적인 안정성은 자유롭게 여가 생활을 즐길 수 있는 기반을 제공합니다. 행복한 삶은 종종 자신의 취향과 관심사를 존중하며 이를 실현하는 것에서 비롯됩니다. 안정된 경제 기반을 가지고 있다면, 우리는 다양한 문화 활동에 참여하고, 새로운 경험을 쌓으며, 인생을 더욱 풍부하게 만들 수 있습니다.

나. 안정의 경제학으로 섬세한 노후 계획

안정의 경제학은 노후 계획을 위한 세밀한 전략을 수립하는 데에도 중요한 도구로 작용합니다. 은퇴 후의 삶에서 예상치 못한 상황에 대비하고, 금융적인 측면에서 안전망을 마련하는 등의 섬세한 계획이 필요합니다. 안정의 경제학은 이러한 세부적인 계획에 도움을 주며, 예측 가능한 미래를 만들어 가는 과정에서 우리에게 안정감을 제공합니다.

60-80대를 위한 행복경제학에서 안정의 경제학은 행복하고 풍요로운 노년을 만들어 가는 핵심적인 요소 중 하나입니다. 경제적인 안정성을 통해 우리는 은퇴 생활을 보다 풍부하게 만들고, 다양한 도전과 기회를 즐길 수 있습니다. 이를 위해서는 적절한 금융 계획과 투자 전략, 섬세한 노후 계획이 필요하며, 이러한 노력을 통해 우리는 안정과 행복이 공존하는 노년을 즐길 수 있을 것입니다.

제2절. 자기 자신을 위한 긍정적 경제 계획

우리의 삶이 노년기에 접어들면서는 더욱 심각한 경제적인 고민이 뒤따릅니다. 특히 60-80대에 이르는 노년기는 자신의 가치와 목표를 고려한 긍정적인 경제 계획을 세워야 하는 중요한 시기입니다. 이에 대한 논의를 "60-80대를 위한 행복경제학"의 관점에서 "자기 자신을 위한 긍정적 경제 계획"이라는 주제로 논의하겠습니다.

제1항. 자기 자신을 위한 긍정적 경제 계획의 필요성

가. 경제적 안정성과 노후의 의미

60-80대로 진입하는 순간, 우리는 인생의 새로운 장을 열게 됩니다. 그러나 이 단계에서 가장 중요한 고민 중 하나는 경제적인 안정성입니다. 노후의 의미는 단순한 나이의 누적이 아니라, 자신을 위한 새로운 긍정적인 경제적 계획을 세우고 이를 실현하는 시기라 할 수 있습니다.

나. 긍정적 경제 계획의 의의

자기 자신을 위한 긍정적 경제 계획은 단순히 돈을 모으는 것 이상의 의미를 갖습니다. 이는 자신의 가치와 목표를 고려하여 일상생활을 지속 가능하게 하는 계획으로, 자아실현과 행복을 추구하는 데에 초점을 맞춥니다.

다. 다양한 도전에 대한 대비

60-80대로 들어가면서는 다양한 도전과 기회가 우리를 기다립니다. 건강 문제, 가족 구성원의 의존, 새로운 취미와 관심사의 발견 등 여러 가지 변화에 대처하기 위해서는 긍정적인 경제 계획이 필수적입니다. 이는 예상치 못한 도전에 대비하고, 자신을 위해 긍정적인 마음가짐을 유지할 수 있도록 도움을 줍니다.

제2항. 자기 자신을 위한 긍정적 경제 계획 수립 전략

가. 가치와 목표의 파악

긍정적인 경제 계획을 수립하기 위해서는 먼저 자신의 가치와 목표를 명확히 이해해야 합니다. 이는 자신의 욕구와 선호도, 삶의 목표를 심층적으로 고민하고 파악하는 것에서 출발합니다.

나. 금융 상태의 평가

긍정적인 경제 계획은 현재의 금융 상태를 정확히 파악하는 것으로부터 시작됩니다. 이를 위해서는 지출과 수입의 균형을 확인하고, 저축과 투자의 현황을 분석해야 합니다. 이러한 정보를 토대로 자신의 금융적인 강점과 약점을 식별하여 효과적인 계획을 수립할 수 있습니다.

다. 재무 목표의 설정

긍정적인 경제 계획은 명확한 재무 목표를 설정하는 것으로 완성됩니다. 이는 특정 기간 동안의 저축 목표, 투자 수익 목표, 적정한 예비 자금의 확보 등을 포함합니다. 목표의 명확한 설정은 향후의 자산 형성 및 재무적인 안정성을 위한 첫걸음으로 작용합니다.

제3항. 긍정적 경제 계획의 효과

가. 자아실현과 행복

긍정적인 경제 계획은 자아실현과 행복을 실현하는 데에 도움을 줍니다. 자신의 가치와 목표를 기반으로 수립된 경제 계획은 자유롭고 만족스러운 노후를 위한 필수적인 기반을 제공합니다.

나. 도전에 대한 대비와 안정성

긍정적인 경제 계획은 예상치 못한 도전에 대처하고 안정성을 유지하는 데에 기여합니다. 재무 목표를 성취하고 예비 자금을 확보하는 등의 노력을 통해 경제적인 안정성을 확보하면, 예상치 못한 상황에 대비할 수 있습니다.

"자기 자신을 위한 긍정적 경제 계획"은 60-80대의 노년기를 행복하게 만들어 가기 위한 필수적인 과정입니다. 가치와 목표를 중심으로 한 세심한 계획 수립은 예상치 못한 도전에 대처하고, 노후의 안정성을 확보하는 데에 큰 역할을 합니다. 앞으로의 노후를 향한 긍정적인 경제 계획을 통해 우리는 삶의 퀄리티를 높이고 행복한 노년을 만들어 갈 수 있을 것입니다.

제3절. 소비와 만족도의 새로운 균형 찾기

인간은 끊임없는 변화와 도전을 맞이하면서 노년의 문턱에 서게 됩니다. 특히, 안정의 경제학의 시각에서 소비와 만족도의 적절한 균형을 찾는 것은 행복한 노년을 위한 중요한 관건 중 하나입니다. 이번 절에서는 "소비와 만족도의 새로운 균형 찾기"를 주제로, 60-80대를 위한 행복경제학의 관점에서 논리적으로 탐구하고자 합니다.

제1항. 지속 가능한 소비의 필요성

가. 소비의 패턴 분석

60-80대에 도달하면서, 우리는 소비의 함정에 빠질 수 있습니다. 편리함과 소비의 쾌락에 빠져 무분별한 소비가 증가할 수 있습니다. 그러나 이러한 소비의 함정에서 벗어나지 않으면, 노후의 만족도는 시간이 흐를수록 점차 감소할 것으로 예상됩니다.

나. 소비의 목적 재정의

노년기에는 소비의 목적을 다시 재정의하는 것이 필요합니다. 소비는 물질적 소유물에 의한 행복보다는 경험과 그로부터 얻는 여운에 중점을 두어야 합니다. 이를 통해 소비의 목적을 다시 정립함으로써, 지속적인 만족도를 창출할 수 있습니다.

다. 환경과의 조화

지속 가능한 소비는 개인의 행복뿐만 아니라 환경과의 조화를 고려해야 합니다. 지속 가능한 제품 선택, 폐기물 관리, 친환경적 생활 습관 등은 개인의 만족도를 높이면서 동시에 지구 환경에 긍정적인 영향을 미칠 것입니다.

라. 미래를 위한 투자

노년에 소비는 단순한 현재의 쾌락을 위한 것뿐만 아니라 장기적인 미래를 위한 투자로도 고려되어야 합니다. 교육, 건강, 취미와 관련된 투자는 노후에 안정감을 제공하면서 삶의 질을 향상시킬 수 있는 중요한 전략입니다.

제2항. 더 나은 만족도를 주는 간소한 삶

가. 소유와 행복의 관계

노년에는 물질적 소유가 행복과 직결되는 것이 아니라, 간소한 삶의 가치가 강조됩니다. 불필요한 물품 소유에서 벗어나 간소한 삶을 즐기면서 진정한 만족도를 찾을 수 있습니다.

나. 여유로움과 만족

많은 것을 소유하는 것이 아니라, 적절한 것을 가지고 여유로운 삶을 누리는 것이 진정한 만족의 원천입니다. 노년에는 시간과 여유가 더욱 중요해지는데, 이를 통해 자신과의 소통, 예술과 문화에 대한 탐험, 교류와 사회 참여를 통한 풍요로운 노후를 만들어 갈 수 있습니다.

다. 소비의 심미적 가치 강조

예술과 문화에 대한 투자를 통해 소비의 심미적인 가치를 높이는 것도 하나의 방법입니다. 예술은 삶에 새로운 차원을 부여하고, 노년에는 특히 새로운 즐거움과 만족을 찾을 수 있는 보장된 길입니다.

소비는 무분별한 소유를 추구하는 것이 아니라, 지속 가능하며 의미 있는 경험과 투자를 통해 노후를 보다 풍요롭게 만들 수 있는 도구로 살펴봐야 합니다. 간소한 삶의 가치와 여유, 지속 가능성을 중시하며 소비와 만족도의 균형을 찾는 노력은 행복한 노년을 위한 첫걸음일 것입니다. 소비의 의미를 다시 생각하고 변화하는 세상에서 자리를 잡아가는 데에는 끊임없는 노력과 지혜가 필요하며, 이를 통해 우리는 보다 나은 노후를 위한 길을 열어 갈 것입니다.

제4절. 금융 계획과 은퇴 후 안정적인 삶

노년의 문턱에 서면서, 장수 사회의 발전과 함께 은퇴 후의 생활을 안정적으로 보장하는 데에 대한 고민이 더욱 중요해졌습니다. "금융 계획과 은퇴 후 안정적인 삶"이라는 주제는 안정의 경제학과 행복경제학을 접목하여 노년에 금전적인 안정성을 어떻게 확보할 수 있는지에 대한 논의의 대상입니다.

제1항. 금융 계획의 중요성

가. 은퇴 후의 생활 불확실성

60-80대는 일의 끝에서 새로운 삶의 시작으로 나아가는 시기입니다. 그러나 이는 수입이 감소하고 생활비가 더욱 불확실해질 수 있는 시기로, 금융 계획의 중요성은 더욱 부각됩니다. 생활의 불확실성에 대비하기 위해서는 신중하고 체계적인 금융 계획이 필수적입니다.

나. 목표를 향한 금융 계획

금융 계획은 목표를 명확히 하는 데에서 출발합니다. 은퇴 후의 생활비, 의료비, 여가 활동을 위한 예산 등을 고려하여 목표를 설정하면, 이를 통해 필요한 자산과 저축액을 계산할 수 있습니다.

다. 안정적인 저축

은퇴 후 안정적인 삶을 위해서는 안정적인 저축이 필요합니다. 금융 시장에서 안전하고 수익이 일정한 금융 상품을 통한 저축은 생활비를 안정적으로 충당할 수 있는 기반을 제공합니다. 정기 예금, 국채 등 안정성이 높은 상품을 선택하여 금전적 위기에 대비하는 것이 필요합니다.

라. 다양한 투자 전략

하지만 안정적인 저축만으로는 노후의 길은 충분히 대비하기 어렵습니다. 따라서 적절한 투자 전략이 필요합니다. 리스크와 수익률을 고려하여 다양한 자산에 투자하면, 장기적으로 자산을 증가시키는 전략은 은퇴 후에도 지속적인 성공을 보장할 수 있습니다.

제2항. 재테크 전략과 금융 컨설팅의 필요성

가. 예상치 못한 도전에 대한 대비

은퇴 후의 삶에서는 예상치 못한 도전에 대비하는 것이 필수적입니다. 의료 비용, 긴급 상황에 대처하기 위한 안전망 역할을 하는 예비 자금은 은퇴 후의 생활을 예측하지 못한 변화에 대응할 수 있는 중요한 자원입니다. 예비 자금을 마련함으로써 예상치 못한 도전에 대비하여 은퇴 생활의 품질을 유지할 수 있습니다.

나. 특별한 경험과 즐거움을 위한 자금

또한, 예비 자금은 특별한 경험과 즐거움을 위한 용도로 활용될 수 있습니다. 은퇴 후에는 여가와 휴식, 새로운 경험을 쌓는 데에 자금이 필요합니다. 예비 자금은 삶의 품격을 높이고, 노후 생활을 보다 풍요롭게 만들 수 있는 길을 열어 줄 것입니다.

다. 재테크 전략의 수립

은퇴 후의 금융적인 안정성을 위해서는 적절한 재테크 전략이 필요합니다. 재테크 전략은 현명한 투자와 금융 계획을 통해 노후를 보다 안정적으로 준비하는 데에 도움을 줍니다. 자산의 효율적인 운용과 성장을 위한 전략을 수립하는 것이 중요합니다.

라. 금융 컨설팅의 도움

금융 분야의 변화와 다양한 상품의 등장으로 인해, 금융 컨설팅은 더욱 중요해지고 있습니다. 전문가의 조언을 받아 금융 상품을 신중하게 선택하고, 개인 맞춤형 금융 전략을 수립하는 데에는 금융 컨설팅의 지혜가 큰 도움이 될 것입니다.

금융적인 안정성은 은퇴 후의 삶을 보다 풍요롭게 만들기 위한 필수적인 조건으로 작용합니다. 명확한 목표를 설정하고, 안정된 저축과 적절한 투자, 예비 자금의 마련을 통해 은퇴 후의 금전적인 불안을 최소화하고 안정적인 노후를 보낼 수 있을 것입니다. 재테크 전략과 금융 컨설팅의 활용은 현명한 금융 계획을 수립하는 데에 큰 도움을 주며, 이를 통해 노후를 안정적으로 준비할 수 있을 것입니다. 행복한 노년은 금전적인 안정성을 기반으로 한 더 나은 삶의 시작일 것입니다.

제5절. 재테크와 행복한 은퇴 생활

은퇴의 문이 열리면서 금전적인 안정성은 노년의 행복한 삶을 지탱하는 중요한 요소로 부상하고 있습니다. "재테크와 행복한 은퇴 생활"이라는 주제는 안정의 경제학을 기반으로 하되, 금융 지혜를 활용하여 60-80대가 안정적이고 풍요로운 은퇴를 즐길 수 있는 방법을 탐구하고자 합니다.

제1항. 은퇴 후의 재테크의 중요성

가. 재테크의 개념

재테크는 단순한 투자와 금융 관리를 넘어서, 높은 수준의 기술을 요구하는 영역으로 정의됩니다. 60-80대에게는 이것이 돈을 늘리는 데 그치지 않고, 노후의 안정성과 행복한 삶을 위한 지혜를 함께 담고 있는 개념임을 강조합니다.

나. 재테크의 목표

재테크의 목표는 단순한 이윤 창출에 그치지 않습니다. 은퇴 후의 삶을 향상시키고 안정성을 제공하는 데에 초점을 맞추고 있습니다. 금전적인 안정성은 노년의 다양한 도전에 대처하는 데에 필수적인 요소로 작용합니다.

다. 안전하고 성장하는 투자

60-80대의 재테크에서는 안전성과 수익성 사이의 균형을 찾는 것이 중

요합니다. 안전한 투자는 적절한 수익을 기대하면서도 금융 시장의 불확실성에 대응하는 데에 중요한 역할을 합니다. 안정된 자산에 투자하여 재테크의 기반을 다져 나가는 것이 필요합니다. 그러나 안전성만으로는 노후의 풍요로움을 만족시키기 어렵습니다. 새로운 기회에 대한 개방성을 유지하면서도 적절한 리스크를 감수하는 투자 전략이 필요합니다.

제2항. 행복한 은퇴를 위한 재테크 전략

가. 맞춤형 금융 전략 수립

재테크에서 가장 중요한 것은 자신에게 맞는 금융 전략을 수립하는 것입니다. 금융 상담은 각 개인의 목표와 상황을 고려하여 맞춤형 전략을 제공하며, 이는 효율적이고 안정적인 금융 계획 수립의 핵심입니다.

나. 금융 교육의 필요성

뿐만 아니라 금융 교육도 필요합니다. 60-80대가 금융적인 지식을 습득하고 최신 동향을 파악하는 것은 자기 자신의 금융적 책임을 강조하며, 더 나은 재테크 전략을 수립하는 데에 도움이 될 것입니다.

다. 경제적 자유를 향한 계획

행복한 은퇴는 경제적인 자유를 통해 실현됩니다. 재테크 전략은 자산을 효율적으로 운용하여, 노후에 경제적인 부담을 최소화하면서도 삶의 질을 향상시킬 수 있는 방법을 찾는 것을 목표로 해야 합니다.

재테크는 단순한 금전적인 이익 창출을 넘어서, 노후의 삶을 지혜롭게 꾸미는 도구로 활용되어야 합니다. 투자의 다양성, 금융 상담, 목표 기반 투자 등의 전략을 통해 노년기에도 지속적인 성장과 안정성을 동시에 추구할 수 있을 것입니다. 이는 결국 행복한 은퇴 생활을 향한 지혜로운 여정의 시작일 것입니다.

제6절. 소비와 절약의 균형을 통한 행복한 노후

　안정된 노후를 맞이하기 위해서는 소비와 절약의 균형을 찾는 것이 필수적입니다. "소비와 절약의 균형을 통한 행복한 노후"란 주제는 우리의 경제적 안정성과 행복의 조화를 탐구합니다. 이 절에서는 경제적인 측면과 노후의 만족도를 고려하여, 논리적이고 구조적인 체계 아래에서 소비와 절약이 어떻게 행복한 노후를 가능케 하는지 살펴보겠습니다.

제1항. 소비의 경제적 역할과 행복한 노후

가. 소비의 경제적 역할

　소비는 경제를 활성화시키는 주요 동력 중 하나입니다. 특히 노년 시기에도 소비는 기업의 매출을 증가시키고 일자리를 창출하는 등 경제 성장에 긍정적인 영향을 미칩니다. 이는 노후의 경제적인 기여를 강조하는 측면입니다. 노후에 소비는 단순히 경제적인 역할을 넘어, 행복과 삶의 만족도를 높이는 데에 큰 역할을 합니다. 여가와 문화생활, 건강 유지 등을 위한 적절한 소비는 풍성한 노후의 핵심적인 부분으로 작용합니다.

나. 불확실한 노후에 대한 대비

　노후에는 의료비, 생활비 등 다양한 경제적 부담이 예상되기 때문에 절약은 불확실성에 대한 대비 수단으로 중요합니다. 금전적인 안정성을 위해서는 현명한 소비와 함께 절약의 원칙을 실천하는 것이 필수입니다.

다. 지속 가능한 삶을 위한 환경 절약

절약은 행복한 노후뿐만 아니라 지구 환경에 대한 책임감을 가질 수 있는 수단으로도 작용합니다. 지속 가능한 소비와 생활습관을 갖추어 환경을 보호하면서도 경제적으로 이로운 선택을 할 수 있습니다.

제2항. 금융 계획의 중요성과 금융 교육의 역할

가. 풍요로운 노후를 위한 소비

행복한 노후를 위해서는 지나친 절약만큼이나 풍요로운 소비도 필요합니다. 여가와 문화생활, 새로운 경험을 위한 소비는 정신적인 풍요를 창출하며, 노후 생활에 활력을 불어넣을 수 있습니다.

나. 지혜로운 절약의 힘

절약은 무분별한 소비를 피하면서 금전적인 안정성을 확보하는 데에 중요한 도구입니다. 그러나 지나치게 제한된 생활은 행복을 위협할 수 있으므로, 양립 가능한 범위에서 지혜로운 절약의 힘을 발휘해야 합니다.

다. 목표 기반 금융 계획

소비와 절약의 균형은 목표 기반의 금융 계획을 수립하는 데에 기인합니다. 노후에 필요한 자금을 명확하게 설정하고, 이를 달성하기 위한 소비와 절약의 전략을 수립하는 것이 중요합니다. 금융 교육은 소비와 절약의 균형을 이루는 데에 큰 역할을 합니다. 금융 상식을 갖추고 적절한 투자 및 절약 전략을 습득하여, 노후에 경제적인 자유를 실현할 수 있는 능력을 키우는 것이 중요합니다.

　소비와 절약은 양립 가능한 범위에서 실천되어야 하며, 목표 기반의 금융 계획과 금융 교육을 통해 현명한 선택이 이루어져야 합니다. 풍요로운 노후를 위해서는 소비와 절약의 균형을 찾는 데에 지혜롭게 나아가는 것이 핵심입니다. 이것이 행복한 노후를 위한 금전적인 지혜를 현실로 구현하는 첫걸음일 것입니다.

참여의 경제학

제1절. 경제적 행복의 생태학과 은퇴의 연결

은퇴는 삶의 중요한 전환점 중 하나로, 이 단계에서 경제적 행복이라는 새로운 시각을 통해 은퇴 생활을 더욱 풍요롭게 만들 수 있습니다. 이번 절에서는 60-80대를 위한 행복경제학의 관점에서 "경제적 행복의 생태학과 은퇴의 연결"에 대해 논리적이고 객관적인 메시지를 전달하면서 독자가 공감할 수 있는 내용을 펼쳐보겠습니다.

제1항. 은퇴와 경제적 행복의 생태학

가. 은퇴의 정의와 의미

은퇴는 우리 삶에서 새로운 장을 열기 위한 기회입니다. 그러나 이를 단순한 휴식이나 휴면으로만 생각하는 것은 은퇴의 깊이를 놓칠 수 있습니다. 특히 60-80대 세대에게는 은퇴가 자아를 찾고 발전시키는 여정의 시작이라는 의미가 더 크다고 할 수 있습니다.

나. 경제적 행복의 개념과 중요성

경제적 행복은 금전적인 풍요 이상을 의미합니다. 은퇴 후의 경제적 행복은 자신의 가치관과 목표에 부합하는 경제적 안정과 만족을 의미합니다. 이는 단순한 금전적 풍요를 넘어, 개인의 성취와 만족을 추구하는 의미 있는 여정을 의미합니다.

다. 경제적 행복의 생태학 개념

경제적 행복의 생태학은 자신의 경제적인 영역을 환경과 조화롭게 발전시키는 개념입니다. 단순히 돈을 벌고 쓰는 것을 넘어, 지속 가능한 경제적 관리와 가치 있는 소비로 이루어지는 생태학적인 관점을 지향합니다. 이는 자신의 경제적인 생태계를 조성하며 더 풍요로운 삶을 추구하는 것을 목표로 합니다.

라. 생태학과 은퇴의 연결

은퇴 생활에서 경제적 행복의 생태학은 어떻게 연결될까요? 은퇴 후의 자원과 시간을 지속 가능한 방식으로 활용하고, 환경과 조화를 이루며 더 나은 행복을 찾는 것이 가능합니다. 이는 자신의 경제적 생태계를 조성하면서 은퇴 생활을 보다 풍요롭게 만들 수 있는 열쇠입니다.

제2항. 은퇴 생활의 경제적 행복과 지속 가능성

가. 자산의 다양한 가치화

은퇴 후에는 자신의 자산을 다양한 방식으로 가치화할 수 있습니다. 금전적 가치뿐만 아니라 지식, 경험, 인맥 등을 적절히 활용하여 경제적 안정성을 유지하면서도 보다 풍요로운 삶을 살아갈 수 있습니다.

나. 환경친화적인 소비 습관

경제적 행복의 생태학은 환경친화적인 소비 습관을 중요시합니다. 은퇴 후에는 지속 가능한 제품을 선택하고, 환경을 생각한 소비 습관을 갖는 것이 자신뿐만 아니라 지구 환경을 위한 긍정적인 영향을 남길 것입니다.

다. 소통과 지역 사회 참여

지역 사회 참여와 소통은 은퇴 후의 경제적 행복을 조성하는 데 중요한 역할을 합니다. 자신의 경제적 행복을 지속 가능하게 유지하면서도 지역 사회에 기여함으로써 더 큰 만족을 느낄 수 있습니다.

60-80대를 위한 행복경제학에서 경제적 행복의 생태학과 은퇴의 연결은 삶의 새로운 단계에서 어떻게 자아를 찾고, 지속 가능한 행복을 창출해 나갈 수 있는지를 탐구합니다. 은퇴 후의 경제적 행복은 자기 자신의 생태계를 조성하고, 지구 환경과 상호 작용하면서 이루어지는 것이며, 이는 결국 보다 풍요로운 은퇴 생활을 이끌어 내는 열쇠일 것입니다. 앞으로의 은퇴 생활에서는 경제적 행복의 생태학을 함께 고민하며, 그 안에서 새로운 삶의 가치를 발견해 나가는 것이 의미 있는 여정이 될 것입니다.

제2절. 자기 자신에게 충실한 은퇴의 중요성

은퇴는 고령화 사회에서 점점 더 중요한 삶의 단계로 부상하고 있습니다. 특히 60-80대의 세대에게는 은퇴가 단순히 일을 그만두는 것 이상의 의미를 갖고 있습니다. 이 절에서는 "자기 자신에게 충실한 은퇴의 중요성"이라는 주제를 통해 논리적으로 메시지를 전달하고자 합니다.

제1항. 은퇴 시기와 자기 인식의 중요성

가. 변화된 은퇴의 개념
현대 사회에서 은퇴는 새로운 의미를 향해 진화하고 있습니다. 더 이상 일의 종료를 의미하는 것이 아니라, 개인의 가치와 성장을 위한 새로운 시작을 의미하는 시기로 여겨집니다. 이는 자기 자신에게 충실한 은퇴의 개념을 강조하고 있습니다.

나. 자기 자신에게 충실한 은퇴의 중요성
자기 자신에게 충실한 은퇴는 은퇴가 단순한 휴식이나 휴면의 기간이 아닌, 개인의 가치와 목표를 찾아가는 여정의 시작임을 강조합니다. 이는 경제적 안정성만큼이나 내적인 만족과 행복을 추구하는 과정에서 중요한 원리로 작용합니다. 개인이 자신에게 충실한 은퇴를 통해 노후를 더욱 의미 있게 만들 수 있습니다.

다. 자아를 찾는 여정

은퇴는 자아를 다시 발견하고 새로운 가치를 찾아가는 여정입니다. 직업에서 벗어나면서 새로운 시점에서 자아에 더 집중할 수 있는 기회가 생깁니다. 자기 자신에게 충실한 은퇴는 자아의 본질을 탐험하고 더 나아가 더 나은 은퇴를 위한 기반을 마련하는 과정의 첫걸음입니다.

라. 은퇴 후의 목표 설정

자기 자신에게 충실한 은퇴는 목표를 설정하고 이를 향해 나아가는 것에서 시작됩니다. 은퇴 후의 목표 달성과 새로운 도전은 경제적인 측면에서도 실현 가능하도록 계획되어야 합니다. 목표 설정은 은퇴 후의 일상을 채워 주며, 은퇴 생활을 더욱 풍요롭게 만드는 과정의 핵심입니다.

제2항. 자기 자신에게 충실한 은퇴의 경제적 관점

가. 경제적 안정과 자아실현

자기 자신에게 충실한 은퇴는 경제적인 안정성과도 깊은 관련이 있습니다. 은퇴 후의 목표 달성과 새로운 도전은 경제적인 측면에서도 실현 가능하도록 계획되어야 합니다. 자기 자신에게 충실한 은퇴는 자아실현과 경제적 안정이 궁극적으로 조화를 이루는 과정이며, 이는 노후의 안정성을 강조하는 중요한 측면입니다.

나. 재투자와 자금 계획

은퇴는 새로운 시작이지만, 이를 위해서는 재투자와 자금 계획이 필수적입니다. 경제적인 안정을 유지하면서 자기 자신에게 충실한 은퇴를 실현하려면 자산의 효과적인 운용과 재투자를 통해 재정적인 안정성을 확보하는 것이 필요합니다. 이를 통해 은퇴 후의 목표를 달성하는 데 필요한 자금을 지속적으로 확보할 수 있을 것입니다.

다. 사회적 연결과 자아 성장

은퇴는 고립된 시간이 아닌, 다양한 사회적 연결과 자아 성장을 위한 시작점이기도 합니다. 자기 자신에게 충실한 은퇴는 주변 사회와의 연결과 공동체 참여를 통해 심리적인 안정성을 확보합니다. 또한, 이를 통해 삶의 다양한 측면에서 성장하고 발전하는 것이 가능하게 합니다.

60-80대를 위한 행복경제학에서 자기 자신에게 충실한 은퇴는 노후를 의미 있는 시기로 만드는 핵심적인 원리입니다. 은퇴는 더 이상 단순한 휴식의 시간이 아닌, 자아의 실현과 가치 찾기를 위한 기회로 받아들여져야 합니다. 경제적인 안정과 자아의 깊은 이해, 그리고 심리적 안정을 통해 은퇴는 개인의 행복과 만족을 극대화하는 여정으로 이루어집니다. 자기 자신에게 충실한 은퇴의 길을 걸어가면서, 노후에 새로운 의미를 찾고 풍요로운 삶을 누리는 것이 60-80대 세대에게 성공적인 은퇴의 시작일 것입니다.

제3절. 봉사활동과 은퇴 생활의 긍정적 상호 작용

은퇴는 더 이상 단순한 일상의 종결이 아닌, 다양한 활동과의 조화를 통해 새로운 인생 챕터의 시작으로 여겨지고 있습니다. 특히 60-80대 세대에게는 봉사활동이 은퇴 생활에 어떤 식으로든 긍정적인 영향을 미칠 수 있는지에 대한 관심이 증가하고 있습니다.

제1항. 은퇴 생활의 다양한 측면

가. 은퇴의 새로운 관점

은퇴는 더 이상 단순한 휴식의 시간이 아니라, 자기 자신에게 충실하고 사회와의 상호 작용을 통해 더욱 의미 있는 시기로 여겨져야 합니다. 은퇴 생활은 여러 다양한 활동과의 교감으로 더 풍요로운 경험을 창출하는 기회로 간주되며, 봉사활동은 이러한 은퇴 생활의 핵심적인 부분으로 부상하고 있습니다.

나. 새로운 도전과 성장

은퇴 생활은 여전히 미지의 영역으로 가득 차 있으며, 봉사활동은 은퇴 후에도 계속된 도전과 성장의 기회를 제공합니다. 봉사활동을 통해 새로운 기술을 습득하고 지식을 공유함으로써 자기 개발을 이룰 수 있으며, 이는 은퇴 후의 일상을 더욱 흥미롭게 만들어 줍니다.

다. 취미와 관심사의 탐험

은퇴는 자기 자신에게 충실하고 다양한 삶의 측면을 즐길 수 있는 시기입니다. 봉사활동은 은퇴 생활에서 자신의 취미와 관심사를 발견하고 추구할 수 있는 기회를 제공합니다. 이는 은퇴 후에도 삶의 흥미와 만족을 지속적으로 유지할 수 있는 방법 중 하나로 간주되기도 합니다.

제2항. 봉사활동의 경제적 측면과 긍정적 영향

가. 사회적 연결의 증진

봉사활동은 은퇴 생활에서 사회적 연결을 강화하고 만족감을 높입니다. 은퇴 후의 사회적인 활동은 고독과 고립을 방지하며, 새로운 인간관계를 형성하고 소통의 기회를 확장합니다. 봉사활동을 통해 새로운 친구들을 만나고 공동체에 기여함으로써 사회적 연결은 더욱 강화됩니다.

나. 심리적 안정과 자아실현

봉사활동은 은퇴 생활에서 심리적 안정과 자아실현을 촉진합니다. 봉사활동을 통해 공헌하는 경험은 자아 존중과 자부심을 높이며, 다양한 역할과 책임을 맡음으로써 지적 자극을 제공합니다. 이는 은퇴 후의 삶에 대한 의미를 찾아가는 여정에서 긍정적인 역할을 합니다.

다. 경제적 보상과 자아 만족

봉사활동은 은퇴 생활에서 경제적 가치뿐만 아니라 자아 만족을 동시에 제공합니다. 봉사활동은 자아실현과 공헌감을 높이며, 이는 긍정적인 심리적 효과를 가져옵니다. 봉사활동을 통해 자아의 만족과 안정적인 경제를 얻을 수 있는 효과는 노후의 안정성을 유지하는 데 중요한 역할을 합니다.

라. 사회적 가치와 장기적 영향

봉사활동은 개인뿐만 아니라 사회적인 가치도 제공합니다. 은퇴 후의 봉사활동은 지역 사회와의 조화를 이루며, 사회적 문제에 대한 개선과 발전에 기여합니다. 이는 봉사자로서의 개인적인 만족 외에도 사회적 측면에서 긍정적인 영향력을 발휘하는 것입니다.

60-80대를 위한 행복경제학에서 봉사활동과 은퇴 생활은 긍정적인 상호 작용을 이루는 중요한 구성 요소로 부각되고 있습니다. 봉사활동은 은퇴 생활을 풍요롭게 만들어 주는 것뿐만 아니라, 사회에 기여하고 다양한 경험을 제공함으로써 노후를 더욱 풍요롭게 만드는 힘을 지니고 있습니다. 자기 자신에게 충실하며 동시에 사회와 연계된 은퇴 생활을 통해 노년 시기를 더욱 활기차고 의미 있는 시기로 만들어 나가는 것이 60-80대 세대에게 성공적인 노후의 시작일 것입니다.

제4절. 사회적 참여를 통한 긍정적 커뮤니티 구축

은퇴는 더 이상 단순한 휴식의 시간이 아닌, 더 큰 사회 참여와 긍정적 커뮤니티 구축의 시작으로 여겨져야 합니다. 특히 60-80대 세대에게는 사회적 참여가 풍요로운 노후를 만들어 내는 핵심적인 원천 중 하나로 각광받고 있습니다.

제1항. 사회적 참여의 긍정적 효과

가. 긍정적 커뮤니티의 중요성

은퇴 후의 삶은 정지된 시간이 아닌, 새로운 커뮤니티와의 연계를 통한 활발한 생활의 시작이기도 합니다. 긍정적인 커뮤니티는 은퇴 생활의 질을 높이고, 삶에 활력을 불어넣어 줍니다. 이러한 커뮤니티가 사회적 참여를 통해 조성된다면, 노년 시기를 더욱 풍요롭게 만들 수 있습니다.

나. 사회적 연결의 증진

사회적 참여는 은퇴 후의 사회적 연결을 강화합니다. 새로운 그룹이나 활동에 참여함으로써 새로운 인간관계를 형성하고 친구들을 만날 수 있는 기회가 확대됩니다. 이는 은퇴 후의 삶에서 고독과 고립을 방지하며, 새로운 사회적 지원체계를 조성합니다.

다. 새로운 기술의 습득과 성장

사회적 참여는 새로운 기술의 습득과 지적 자극을 통한 성장의 기회를 제공합니다. 다양한 활동에 참여하면서 새로운 기술이나 지식을 습득할 수 있으며, 이는 은퇴 후의 일상에 새로운 도전과 자기 계발의 가능성을 열어 줍니다.

제2항. 긍정적 커뮤니티의 구축과 경제적 측면

가. 지역 사회 참여와 소통

지역 사회의 활동에 참여하면 은퇴 생활을 지역 사회와의 긍정적인 소통의 시간으로 전환할 수 있습니다. 지역 사회에서의 참여는 지역 사회의 발전에 기여할 뿐만 아니라, 다양한 인연을 만들어 은퇴 후의 생활을 더욱 풍요롭게 만들어 줍니다.

나. 공동체 프로젝트와 협력

은퇴 후의 참여는 공동체 프로젝트와의 협력을 통해 긍정적인 커뮤니티를 구축하는 데 중요한 역할을 합니다. 공동체 프로젝트는 다양한 배경을 가진 사람들이 모여 협력하며 목표를 달성하는 것을 의미하며, 이를 통해 은퇴 생활에서의 의미 있는 기여를 이룰 수 있습니다.

다. 노후 경제의 활성화

사회적 참여는 노후 경제의 활성화에 기여합니다. 은퇴 후에도 활동적인 사회 참여를 통해 경제적 가치를 창출하고, 이는 노후의 경제적인 안정성을 높일 수 있습니다. 삶의 목적을 찾아가는 동시에 사회적으로도 기여함으로써 노후를 보다 풍요롭게 만들어 주는 것입니다.

라. 사회적 기여와 보상

사회적 참여는 자아실현과 더불어 사회적 기여를 통한 보상을 가져옵니다. 봉사활동이나 지역 사회 참여는 자아 만족감을 높이면서 동시에 다양한 형태의 보상을 제공하기도 합니다. 이는 노후에 새로운 가치를 창출하면서 긍정적인 경제적 영향을 미칠 수 있는 가능성을 의미합니다.

60-80대를 위한 행복경제학에서 사회적 참여는 긍정적인 커뮤니티를 구축하는 핵심적인 요소로 부각되고 있습니다. 새로운 활동에 참여하고 다양한 사회 그룹과 소통하는 것은 은퇴 후의 생활을 더욱 활기차게 만들며, 사회적으로 기여함으로써 삶의 풍요로움을 더욱 향상시킬 수 있습니다. 사회적 참여를 통해 은퇴 생활을 보다 의미 있게 만들고, 긍정적인 커뮤니티를 구축하는 것이 60-80대 세대에게 행복한 노후를 즐기는 핵심적인 원천일 것입니다.

제5절. 환경친화적인 소비와 은퇴의 균형

은퇴는 우리 삶의 마지막 장면이면서 동시에 새로운 시작이기도 합니다. 이 새로운 시작에서 우리는 무엇을 중요하게 생각하고 어떤 가치를 추구할지 심각하게 고민하게 됩니다. 특히 60-80대 세대에게는 이제까지의 삶에서 배운 지혜와 경험을 기반으로 지속 가능한 미래를 위한 행동이 필요한 시기입니다.

제1항. 은퇴 후 지속 가능한 소비의 중요성

가. 지속 가능한 행복의 이해

은퇴는 더 이상 단순한 휴식의 시간이 아니라, 지속 가능한 행복의 실현이라는 관점에서 다가가야 합니다. 특히 60-80대 세대에게는 환경친화적인 소비가 더 나은 노후를 위한 필수적인 키로 작용하고 있습니다. 이는 개인적인 만족뿐만 아니라 지구 환경에 대한 책임감을 고려한 삶의 새로운 방향성을 제시합니다.

나. 소비의 새로운 패러다임

환경친화적인 소비는 먼 미래를 위한 투자로 작용합니다. 더 나은 미래를 원한다면 소비자는 환경에 부담을 주지 않는 제품과 서비스를 선택해야 합니다. 지속 가능한 소비는 환경을 보호하고, 미래 세대에게 깨끗하고 안정된 지구를 남겨 줄 수 있는 길이라고 말할 수 있습니다. 은퇴 후에도 환경친화적인 소비는 지속 가능한 미래를 위한 작은 시작점이 될 것입니다.

다. 건강과 품질의 향상

환경친화적인 소비는 종종 건강과 품질의 향상으로 이어집니다. 유기농 제품이나 지속 가능한 에너지 소비를 고려한 가전제품 등은 소비자의 건강에 도움을 주고, 더 오래 지속되는 제품을 선택함으로써 소비자는 자신의 소비에 대한 만족도를 높일 수 있습니다. 환경을 고려한 소비는 개인적인 행복과 함께 은퇴 생활의 품질을 높이는 길이 될 것입니다.

제2항. 환경친화적인 소비의 다양한 적용 영역

가. 친환경 주거와 라이프스타일

은퇴 후의 주거는 지속 가능한 라이프스타일과 조화를 이룰 수 있는 기회입니다. 친환경 주택, 재활용 가능한 가구, 에너지 효율적인 시스템은 은퇴 생활의 기반을 형성합니다. 은퇴 후에도 환경친화적인 소비는 소비자의 주거 환경을 개선하고 지구 환경을 존중하는 방식으로 구체적으로 나타날 수 있습니다.

나. 친환경 여가와 취미

은퇴 생활은 다양한 여가와 취미를 즐길 수 있는 시간입니다. 친환경적인 여가 활동은 은퇴 생활을 더욱 풍부하게 만들 수 있는 방법 중 하나입니다. 대표적으로 자연을 즐기는 등산, 친환경 농업 참여, 지역 사회의 환경보호 프로젝트 참여 등은 은퇴 생활의 다양한 측면에서 지속 가능한 소비의 원리를 실천하는 좋은 방법입니다.

다. 소비자 인식과 교육 참여

지속 가능한 소비의 촉진은 소비자의 인식과 교육이 중요합니다. 소비자가 환경친화적인 제품과 서비스에 대한 정보를 쉽게 얻을 수 있으며, 그에 대한 인식이 높아진다면 지속 가능한 소비의 기회가 확대될 것입니다. 은퇴 세대가 환경친화적인 소비에 대한 인식을 높이고, 이에 대한 교육을 받는다면 지구 환경을 보호하는 측면에서 긍정적인 영향을 행사할 수 있을 것입니다.

60-80대를 위한 행복경제학에서 환경친화적인 소비는 지속 가능한 노후의 핵심적인 부분으로 부상하고 있습니다. 소비자의 선택이 환경에 미치는 영향을 고려하고, 지속 가능한 소비의 원리를 삶의 여러 영역에 통합하는 것이 은퇴 후의 행복과 지구 환경의 보호에 동시에 이바지하는 길일 것입니다. 환경친화적인 소비는 새로운 은퇴의 지평을 열며, 지구 환경과 함께 양질의 노후를 설계하는 초석이 될 것입니다. 은퇴 생활에서 환경친화적인 소비는 단순한 행동이 아닌, 지속 가능한 미래를 위한 혁신적인 선택으로 자리 잡을 것입니다.

제4장

사회적 공헌 경제학

제1절. 60-80대의 개인 성장과 행복

60-80대는 새로운 도약의 시작일지도 모릅니다. 이 시기는 과거의 성취를 정리하고 미래를 위한 새로운 모험을 찾아 나가는 기회의 시간입니다. 특히, 이 노년의 시기에서도 여전히 개인적인 성장과 행복을 추구할 수 있다는 것은 행복경제학이 강조하는 중요한 주제 중 하나입니다.

제1항. 노년의 개인적 성장과 행복의 중요성

가. 노년의 개인적 성장

60-80대에 이르러도 개인은 성장할 수 있습니다. 오히려 이 기간은 지혜와 통찰력이 최고조에 이르는 시기로, 과거의 경험들을 토대로 더 나은 자아를 발견하게 됩니다. 예전과는 다르게 새로운 목표와 가치를 찾아 나가기 시작하면서, 놀라운 열정과 에너지가 불타오릅니다. 또한, 60-80대는 개인의 성장을 위한 새로운 도전과 기회가 가득한 시기입니다. 삶의 목적을 재정의하고 새로운 스킬을 배우며, 삶의 다음 장으로 나아가기 위한

열망이 높아집니다. 이는 단순히 나이에 따른 노화와 감소가 아니라, 오히려 다양한 경험과 지식을 토대로 한 더 큰 성장을 의미합니다.

나. 노년의 행복과 긍정적 영향

60-80대는 긍정적인 성격으로 두드러집니다. 이들은 지난 수십 년 동안의 삶을 통해 많은 것을 배웠으며, 그 경험을 통해 자신을 더 잘 이해하고 인생을 긍정적으로 바라볼 수 있습니다. 이러한 긍정적인 마인드는 주변 사람들에게도 전해져, 사회 전체의 행복 수준을 높여 갑니다. 고령화 사회에서는 이러한 긍정적인 영향이 더욱 중요해지고 있습니다. 노년의 행복은 그들 스스로뿐만 아니라 주변 사회에도 긍정적인 파급효과를 가져옵니다.

다. 경험의 공유와 지혜 전승

60-80대는 수십 년간의 삶을 통해 쌓아 온 풍부한 경험을 갖고 있습니다. 이는 더 많은 세대들에게 전달되어야 합니다. 노년의 경험과 지혜는 젊은 세대들에게 큰 가르침을 줄 수 있습니다. 이를 통해 미래 세대는 과거의 성공과 실패에서 배울 수 있으며, 그들의 선택에 더 나은 기반을 마련할 수 있습니다. 이들이 자신의 경험을 공유하고, 지식을 다른 이들과 나눔으로써, 우리는 보다 풍성하고 지적으로 풍부한 사회를 구축할 수 있습니다.

제2항. 노년의 사회적 참여와 긍정적인 변화

가. 사회 참여와 새로운 도전

사회 참여는 60-80대가 개인의 능력을 최대한 발휘할 수 있는 중요한 수단입니다. 노년의 참여는 지역 사회에서의 봉사활동, 교육 분야에서의 지식 전수, 문화 활동에서의 창의성 발휘 등을 포함합니다. 이를 통해 노년층은 자신의 삶에 새로운 의미를 부여하고, 사회에 필요한 가치를 공헌할 수 있습니다. 이와 같이, 사회 참여는 노년에 더불어 개인적인 성장을 촉진하는 데 큰 역할을 합니다. 노년의 새로운 도약은 결국 사회적 참여와 긍정적인 변화를 통해 가능해집니다.

나. 사회적 연대와 행복

사회적 연대는 행복경제학에서 중요한 개념 중 하나입니다. 이는 다양한 세대 간의 유대감을 나타내며, 노년기에 이는 더욱 중요한 역할을 합니다. 노년의 사회적 공헌은 자신이 존경받고 필요로 하는 사회 속에서 더욱 의미 있게 느껴지게 만듭니다. 사회적 연대는 서로 다른 세대 간의 지속적인 소통과 협력을 통해 이루어집니다. 이는 각 세대 간의 이해관계를 강화시켜, 사회적으로 더 안정되고 행복한 사회를 형성하는 데 일조합니다.

60-80대의 노년기는 더 이상 쇠퇴의 시기가 아닙니다. 오히려 이는 개인 성장과 행복을 찾을 수 있는 새로운 가능성의 시작입니다. 행복경제학은 이러한 가능성을 이해하고, 사회적 공헌을 통해 이를 실현할 수 있는 방법을 제시하고 있습니다. 우리는 노년의 풍요로운 삶을 존중하고, 그들

이 기여할 수 있는 가치를 최대한 활용해야 합니다. 이것이야말로 진정한 행복과 발전이 어울리는 아름다운 삶의 모습일 것입니다. 노년의 새로운 도약은 결국 사회 전체의 풍요로움과 지속 가능한 발전을 위한 기반을 마련하는 것입니다.

제2절. 은퇴 후의 학습과 긍정적 상호 작용

은퇴는 인생의 한 단계를 마감하고, 다음 단계로 나아가는 순간입니다. 이는 오랜 세월 동안 축적한 경험과 지식을 정리하고, 미래에 대비하기 위한 새로운 도전에 나서는 시간이기도 합니다. 특히 은퇴 후의 학습은 이러한 새로운 도전에서 나오는 긍정적 상호 작용에 중요한 역할을 합니다.

제1항. 은퇴 후의 지속적인 학습의 중요성

가. 다양한 학습의 가능성

은퇴 후의 학습은 그 자체로 지식의 수확뿐만 아니라, 삶을 더욱 풍요롭게 만드는 열쇠입니다. 이는 단순한 취미나 새로운 언어의 습득뿐만 아니라, 4차 산업 혁명의 발전으로 다가온 미래에 대비하기 위한 기술적 역량의 향상에도 관련이 있습니다. 무엇보다 은퇴 후의 학습은 학습 자체보다는 지속적인 자기 계발의 중요성을 강조합니다. 또한, 은퇴 후의 학습은 시간과 공간의 제약을 뛰어넘는 무한한 가능성을 제시합니다. 현대 사회에서는 온라인 강의, 전자책, 스마트폰 애플리케이션을 통해 언제 어디서나 학습이 가능합니다. 이는 노년층이 자신의 관심사나 역량을 더욱 확장하고, 미래에 대비할 수 있는 훌륭한 수단으로 작용합니다. 은퇴 후의 학습은 능동적인 지적 호기심을 유지하며, 자아 성장의 핵심 원동력으로 작용합니다.

나. 신체적 활동과 연계된 학습

은퇴 후의 학습은 단순한 지적 활동뿐만 아니라, 신체적 활동과도 연계될 수 있습니다. 춤, 요가, 그림, 음악 등의 활동을 통해 인간은 새로운 기술을 배우고 창조적인 표현을 통해 내적 만족감을 느낄 수 있습니다. 이는 뇌와 신체의 활성화를 촉진하면서, 은퇴 후의 학습이 단순한 정보의 흡수가 아니라 다양한 경험과 연결되어야 한다는 원칙을 강조합니다.

다. 지식과 자아 인식의 강화

은퇴 후의 학습은 자아 인식과 연결된 긍정적인 변화를 가져옵니다. 새로운 지식과 스킬을 습득함으로써 자아에 대한 확신이 강화되고, 자신을 더욱 긍정적으로 인식할 수 있습니다. 이는 자기만족감과 자존감의 증가로 이어지며, 긍정적인 삶의 태도를 유지하는 데 일조합니다.

라. 사회적 상호 작용의 증가

은퇴 후의 학습은 또한 사회적 상호 작용을 증가시킵니다. 새로운 지식을 얻기 위해 커뮤니티 활동이나 그룹 수업에 참여하는 것은 주변 사람들과의 교류를 촉진하고, 새로운 친구들을 만나는 기회를 제공합니다. 이는 사회적 연대를 강화하며, 긍정적인 사회적 지원 체계를 형성하는 데 기여합니다.

제2항. 은퇴 후의 학습과 사회적 공헌의 조화

가. 사회적 공헌을 위한 지식의 활용

은퇴 후의 학습을 통해 얻은 지식과 기술은 사회적 공헌에 적극적으로 활용될 수 있습니다. 노년의 경험과 지혜를 활용하여 지역 사회나 지구촌의 문제에 대한 해결책을 모색하고, 봉사활동을 통해 이를 실천할 수 있습니다. 이는 노년층이 사회적으로 더욱 유용한 자원이 될 수 있도록 돕는 것뿐만 아니라, 노년의 자아실현과 만족도를 높이는 데 기여합니다.

나. 새로운 도전으로 형성되는 사회적 관계망

은퇴 후의 학습은 동시에 새로운 사회적 관계망의 형성을 촉진합니다. 새로운 도전을 통해 다양한 사람들과의 교류가 자연스럽게 이루어지며, 공통의 관심사와 목표를 공유하는 사회적 그룹이 형성됩니다. 이는 노년의 사회적 연대를 강화하고, 긍정적인 사회적 활동을 촉진합니다.

은퇴 후의 학습은 삶을 보다 풍요롭게 만드는 데 있어서 놀라운 힘을 지니고 있습니다. 이는 개인적인 지식의 확장과 함께 긍정적인 자아 인식과 사회적 연대의 증가를 가져오며, 결국은 사회적 공헌을 통해 사회 전체에 긍정적인 영향을 미칩니다. 은퇴 후의 학습은 우리가 나이가 들어도 계속해서 삶을 풍부하게 만들 수 있는 능력을 제시합니다. 이를 통해 우리는 노년기를 새로운 도약의 기회로 받아들이고, 지혜로운 사회 구성원으로서의 자부심을 느낄 수 있을 것입니다.

제3절. 사회적 연대와 사회적 기여의 중요성

60-80대의 노년기는 지혜와 경험의 보고로, 그동안의 삶에서 얻은 풍부한 지식과 가치를 지닌 시기입니다. 이러한 노년층이 사회적 연대와 사회적 기여를 통해 현대 사회에 새로운 차원의 기여를 할 수 있다면, 이는 그만큼 사회 전체의 발전과 풍요로움에 크게 기여할 것입니다.

제1항. 사회적 연대의 중요성

가. 세대 간 유대감 강화

사회적 연대는 세대 간의 유대감을 키우고, 서로 다른 세대 간의 소통과 이해를 촉진하는 핵심적인 가치입니다. 60-80대의 노년층은 과거의 경험을 담은 보고서로서, 세대 간의 연결고리를 형성하며 지혜를 전하는 역할을 가지고 있습니다.

나. 경험의 전달과 지혜의 나눔

노년층이 보유한 다채로운 경험과 풍부한 지식은 어린 세대들에게 전달되어야 합니다. 이를 통해 어린 세대들은 미래를 대비하는 데 필수적인 인생의 지혜를 얻게 되며, 노년의 경험이 삶의 길잡이로 작용합니다. 경험의 전달은 사회적 연대의 시작이자, 지식과 지혜의 나눔을 통해 세대 간의 이해관계가 강화됩니다.

다. 세대 간의 소통 강화

사회적 연대는 노년층과 어린 세대 간의 소통을 강화합니다. 노년층이 자신의 가치관과 세계관을 주변에 전하면서, 서로 다른 세대 간에 상호 이해와 존중이 이루어집니다. 이는 갈등을 줄이고, 세대 간의 소통이 형성되어 사회 전체에 조화를 가져올 수 있는 기반을 마련합니다.

제2항. 사회적 기여의 중요성

가. 노년의 새로운 역할

노년층이 더 이상 사회적으로 비활동적인 단계로만 인식되어서는 안 됩니다. 그들은 자신의 전문성을 살려 새로운 사회적 기여자로서의 역할을 찾아 나갈 필요가 있습니다. 이를 통해 노년은 새로운 의미 있는 인생을 살아갈 뿐만 아니라, 사회에 긍정적인 효과를 끌어낼 것입니다.

나. 노년의 전문성 활용

60-80대는 과거의 경험과 전문성을 활용하여 사회적으로 기여할 수 있는 뛰어난 기회를 갖고 있습니다. 이들은 자신의 지식과 기술을 통해 봉사활동, 교육, 자원봉사 등의 분야에서 활동함으로써, 그들만의 독특한 역량을 사회에 제공할 수 있습니다. 이를 통해 노년은 자아실현의 기회를 얻을 뿐만 아니라, 사회 문제에 혁신적이고 효과적인 해결책을 제시할 수 있습니다.

다. 새로운 도전과 성취

나이가 들었다고 해서 도전과 성취가 불가능한 것은 아닙니다. 60-80대의 노년층은 여전히 새로운 도전에 나서고 성취를 이루어 낼 수 있습니다. 기술의 변화에 적응하거나, 새로운 예술적 활동에 참여하거나, 지속 가능한 봉사활동에 참여하는 등의 방법으로 노년층은 여전히 자신의 역량을 발휘할 수 있습니다. 이를 통해 노년은 자신의 잠재력을 최대한 발휘하며, 사회에 새로운 가치를 제공할 수 있습니다.

사회적 연대와 사회적 기여는 60-80대의 노년이 자신의 지혜를 나누고, 사회에 새로운 역할을 맡는 데에 있어서 중요한 역할을 합니다. 경험과 지혜의 전달은 세대 간의 연결을 강화시키며, 노년이 가진 특별한 전문성을 활용한 사회적 기여는 새로운 문화와 가치를 형성하는 중요한 기반이 됩니다. 노년의 긍정적인 사회적 역할을 이해하고 존중함으로써, 우리는 더욱 풍요로운 사회를 만들어 갈 수 있을 것입니다.

제4절. 은퇴 후의 자원봉사와 긍정적 영향

은퇴는 한 장의 챕터를 마감하면서 다른 장을 열어 주는 중요한 삶의 전환점입니다. 특히 은퇴 후의 자원봉사가 노년에게 가져다주는 긍정적인 변화는 더욱 두드러집니다. 이번 절에서는 은퇴 후의 자원봉사가 60-80대들에게 어떤 의미 있는 변화를 가져오는지를 논하고자 합니다.

제1항. 은퇴 후의 자원봉사의 중요성

가. 새로운 목적을 찾는 여정

은퇴 후 자원봉사는 노년에게 완전히 새로운 목적을 찾게 해 줍니다. 삶에서의 목표와 의미를 상실한 노년에게, 자원봉사는 자신의 능력과 경험을 다시 발견하고 활용할 수 있는 기회를 제공합니다. 은퇴 후의 인생은 공헌과 활동의 차원에서 더욱 풍요로워질 수 있습니다.

나. 사회적 유대감과 연결

자원봉사는 노년에게 사회적 유대감과 연결을 제공합니다. 은퇴 후 혼자만 있는 환경에서, 자원봉사는 다양한 사람들과 만나고 소통하는 기회를 제공하여 사회적 고립을 방지합니다. 이것은 노년이 자신을 다시 발견하고 사회와의 유대감을 높이는 중요한 역할을 합니다.

다. 은퇴 후 자원봉사의 긍정적 영향

은퇴 후 자원봉사는 노년의 삶에 다양한 긍정적인 영향을 끼칩니다. 개인적인 만족감뿐만 아니라 사회에도 긍정적인 영향을 미치며, 계속되는 자기 계발과 연결된 행복한 노후를 위한 중요한 구성 요소입니다.

라. 자아 존중감의 증가

은퇴 후의 자원봉사는 자아 존중감을 높입니다. 기여하고 도움을 주는 과정에서 얻는 성취감과 자부심은 노년이 자신을 보다 가치 있게 느끼게 합니다. 이는 고령화 사회에서 노년이 자신에게 남은 가치를 발견하고 강화하는 데 큰 도움을 줍니다.

제2항. 은퇴 후 자원봉사의 사회적 기여

가. 사회적 문제 해결과 기여

은퇴 후의 자원봉사는 노년뿐만 아니라 사회 전체에도 큰 이점을 제공합니다. 이는 사회적 책임감을 가지고 활동하는 노년기가 형성되면서 나타나는 긍정적인 사회적 변화를 의미합니다. 이와 같이, 은퇴 후 자원봉사는 사회적 문제에 대한 해결책을 모색하고, 기여할 수 있는 노년기를 발견하는 것을 의미합니다. 사회 문제에 대한 다양한 관점과 경험을 제공함으로써, 노년기는 사회의 지속 가능성과 발전을 위한 중요한 역할을 수행하게 됩니다.

나. 세대 간 유대감 강화

은퇴 후 자원봉사는 세대 간 유대감을 강화시킵니다. 노년이 다양한 연령대와 협력하며 공동의 목표를 달성함으로써, 세대 간의 이해와 상호 작용이 촉진됩니다. 이는 사회적 연대가 강화되고, 다양성을 존중하는 사회 문화를 조성하는 데에 도움이 됩니다.

은퇴 후 자원봉사는 노년의 인생을 더욱 풍요롭게 만들 뿐만 아니라, 사회 전체에도 긍정적인 영향을 미칩니다. 새로운 목적과 의미를 찾고, 사회적 유대감을 형성하며, 뇌 활동과 정신 건강을 증진시키는 이러한 효과들은 은퇴 후의 노년기를 보다 활기찬 시기로 만들어 줍니다. 은퇴 후 자원봉사는 노년이 자신의 능력을 발휘하고 사회적으로 더욱 의미 있는 삶을 살 수 있도록 지원하며, 사회 전반에 긍정적인 변화를 가져옵니다.

제5절. 60-80대의 존경받는 삶의 특징

60-80대는 인생의 마지막 장에 접어들었지만, 이는 존경받을 만한 아름다움과 의미로움으로 가득 찬 시기임을 상기시켜 줍니다. 이 시기의 노년들은 그들만의 특별한 특징을 가지며, 여전히 사회에 긍정적인 영향을 끼치고 있습니다. 이 절에서는 60-80대의 존경받는 삶의 특징을 탐구하고자 합니다.

제1항. 경험의 깊이에서 나오는 통찰력과 지혜

가. 지혜로운 결정의 표본

60-80대는 오랜 세월 동안의 삶의 여정을 통해 얻은 지혜로운 결정의 표본입니다. 그들은 과거의 성공과 실패, 어려움을 극복한 경험들을 토대로 현명한 결정을 내릴 수 있는 능력을 갖추고 있습니다. 이는 어려운 상황에서도 평정과 현명함으로 삶을 이끌어 가며 주변에 긍정적인 영향을 미치는 중요한 특징 중 하나입니다.

나. 경험의 깊이에서 나오는 통찰

60-80대의 노년기는 그들만의 특별한 통찰력을 지니고 있습니다. 과거의 경험들을 깊이 있게 체험하고 배움으로써 현재의 문제에 대한 독특한 시각을 확보하고 있습니다. 이러한 통찰력은 주변 사람들에게 도움이 되는 조언을 제공하며, 삶의 경험을 나누는 중요한 역할을 합니다.

다. 긍정적인 마인드셋

60-80대의 노년기는 긍정적인 마인드셋을 갖추고 있습니다. 어떠한 어려움에 부딪혀도 긍정적인 시각을 유지하며, 변화에 대한 적응력을 발휘합니다. 이는 주변에 긍정적인 에너지를 전달하며, 동시에 자신의 삶을 풍요롭게 만드는 열쇠 중 하나입니다.

제2항. 사회적 연대와 봉사활동의 열정

가. 봉사활동과 사회적 공헌

60-80대의 노년기는 사회적 연대와 봉사활동에 대한 열정을 보여줍니다. 자신의 경험과 능력을 활용하여 지역 사회나 비영리 단체에서 봉사활동을 펼치며, 사회적으로 존경받는 모델로 나타납니다. 60-80대의 노년들은 봉사활동을 통해 사회적으로 공헌하고 있습니다. 자신의 능력을 지역 사회나 다양한 단체에 기부함으로써, 노년들은 사회의 발전과 향상에 기여하고 있습니다. 이는 노년의 활기찬 사회 참여를 통해 존경받는 모델로 등장하게 만들었습니다.

나. 자기 계발과 유연성의 강화

60-80대의 노년기는 자기 계발에 대한 열망을 갖고 있습니다. 새로운 기술에 대한 학습이나 예술적 활동의 참여, 건강을 유지하기 위한 노력 등을 통해, 이들은 자신의 능력을 지속적으로 발전시키고 있습니다. 이로써 노년의 유연성이 강조되며, 삶의 다양한 측면에서 존경받는 모습을 보여주고 있습니다.

다. 예술적 활동의 참여

60-80대의 노년기는 예술적 활동에 참여하여 자신의 예술적 감각을 향상시키고 있습니다. 그림, 음악, 문학 등의 예술적 활동을 통해, 이들은 창의성을 발휘하고 자아 표현의 기회를 찾고 있습니다. 이는 노년의 창조적인 에너지를 존경받는 형태로 나타나고 있습니다.

60-80대의 노년기는 자신의 지혜, 긍정적 마인드셋, 사회적 공헌, 자기 계발과 유연성 등 다양한 면에서 존경받는 삶을 살아가고 있습니다. 이들은 그들만의 가치와 기여를 통해 사회에 긍정적인 메시지를 전달하며, 노년이라는 시기에도 여전히 삶의 주인으로서 존경받는 존재로 등장하고 있습니다. 그들의 이야기는 노년의 아름다움과 가능성을 강조하며, 우리에게 긍정적인 영감을 전하고 있습니다.

제6절. 자기 자신의 삶에 충실하며 선한 영향력 행사

인간은 삶의 여정을 걷는 동안 항상 변화하고 성장합니다. 특히 60-80대의 노년기는 지난 세월 동안 축적된 지혜와 경험을 토대로 자기 자신의 삶에 충실하며 선한 영향력을 행사하고 있습니다. 이는 그들의 행복한 여정을 만들어 내는 중요한 원동력 중 하나로 작용하고 있습니다.

제1항. 주변에 긍정적인 영향력 행사

가. 삶의 목표 재정립

노년기는 삶의 목표를 다시 재정립하며 새로운 의미를 찾고 있습니다. 가족과의 소중한 시간, 개인적인 취미 및 관심사에 집중하며, 미래에 대한 새로운 계획을 세워 가는 등 자기 자신과의 삶에 대한 충실한 다짐을 하게 됩니다. 이렇게 내면의 평화를 추구하는 과정에서 60-80대의 노년기는 과거의 경험들을 수용하고 내적 평화를 찾아가려고 노력합니다. 이는 자신의 실수와 성공, 삶의 모든 측면에 대한 수용과 평화로움을 의미하며, 이를 통해 자기 자신과 타인과의 조화로운 관계를 유지합니다.

나. 가족과의 유대 관계 강화

노년기는 가족과의 유대 관계를 더욱 강화하려 노력합니다. 자녀들과 손주들과의 소중한 시간을 보내며, 가족 구성원들에게 지혜와 사랑을 전합니다. 이는 가족에게 긍정적인 모델이 되어 세대 간의 유대감을 강조하는 중요한 특징입니다.

다. 친구와 이웃들에게 희망의 메시지 전달

노년기는 친구와 이웃들에게 희망의 메시지를 전달하는 역할을 합니다. 긍정적인 에너지와 지혜를 나눔으로써 주변 사람들에게 힘을 실어 주며, 공동체의 결속력을 강화하는 역할을 하게 됩니다.

제2항. 선한 영향력을 통한 자아실현 추구

가. 지역 사회에 기여

60-80대의 노년기는 지역 사회에 기여하려는 의지를 가지고 있습니다. 지역 사회의 다양한 활동이나 자원봉사를 통해, 그들은 지역 사회에 긍정적인 영향을 끼치고, 동시에 자아실현의 성취감을 느낄 수 있습니다.

나. 지식과 경험을 나누는 문화

60-80대는 선한 영향력을 통해 자아실현의 높은 수준을 경험하기도 합니다. 자기 자신에 대한 충실함과 주변에 긍정적인 메시지를 전하면서, 노후에도 여전히 성장하고 발전하는 모습을 보여 줍니다. 또한, 노년기는 지식과 경험을 주변 사회와 나누는 문화를 형성합니다. 이를 통해 주변 사람들은 그들로부터 영감을 받고, 노년의 삶을 더욱 풍요롭게 만들 수 있습니다.

다. 자아실현의 성취감

자기 자신에 충실하며 주변에 긍정적인 영향력을 끼치는 것은 노년에게 자아실현의 성취감을 제공합니다. 성공과 실패, 어려움을 극복한 경험들이 그들에게 자신을 이해하고 인정하는 과정을 통해, 성취감과 만족감을 도출합니다.

60-80대는 자기 자신의 삶에 충실하며 선한 영향력을 행사함으로써 행복한 여정을 즐기고 있습니다. 내적 조화, 주변에 긍정적인 영향력 전달, 자아실현의 성취 등 다양한 측면에서 그들은 풍요로운 노후를 경험하고 있습니다. 이러한 모습들은 노년의 가능성과 아름다움을 강조하며, 우리에게 긍정적인 전망을 제시합니다.

제5장

라이프스타일 변화와 혁신의 경제학

제1절. 새로운 라이프스타일의 긍정적 특징

이번 절에서는 삶의 방식이 변화하고 혁신되는 과정에서 나타나는 긍정적인 측면에 대해 논하고자 합니다. 이를 통해 우리가 진정한 행복과 경제적 안정을 찾을 수 있는 방법에 대한 인사이트를 얻을 것입니다.

제1항. 현대 라이프스타일의 새로운 지형

가. 여가와 일상의 유기적 연결

여가, 취미, 사회 참여 등의 새로운 영역이 우리의 라이프스타일에 통합되면서, 과거에는 일과 가족이 주된 중심이었던 것과는 대조적입니다. 이러한 변화는 우리가 더 풍성하고 균형 잡힌 삶을 살 수 있도록 도와주고 있습니다.

나. 디지털 기술의 도입과 우리의 삶

기술 혁신은 라이프스타일에 큰 변화를 가져왔습니다. 디지털 기술의 도입으로 인해 우리는 더욱 효율적으로 정보를 얻고, 소통하며, 일상생활을 조율할 수 있게 되었습니다. 이는 특히 60-80대 세대에서도 긍정적인 반응을 얻으며, 새로운 기술을 통한 더 나은 삶의 향상을 추구하고 있습니다. 더불어, 60-80대 세대는 이를 통해 자신의 젊음과 경험을 공유하며, 디지털 시대의 커뮤니티에 적극적으로 참여하고 있습니다.

다. 노후 생활의 의미 재정의

과거에는 노후가 단순한 은퇴와 고령으로 인한 한계로 여겨졌습니다. 그러나 현재는 노후 생활이 활기찬 새로운 삶의 단계로 재정의되고 있습니다. 이제는 다양한 선택지와 활동을 통해 더욱 의미 있는 노후를 즐길 수 있게 되었습니다. 새로운 노후의 단계에서는 다양한 모험에 도전하고, 새로운 취미를 발견하며, 자원봉사를 통해 사회에 기여함으로써, 더욱 풍요로운 노후 생활을 만들어 갈 수 있습니다.

제2항. 환경과의 조화 및 포용적인 라이프스타일의 부상

가. 지속 가능한 소비의 중요성

현대의 라이프스타일은 지속 가능한 소비와 환경 보호에 대한 더 높은 인식을 가져왔습니다. 소비자들은 환경에 대한 책임을 강조하며, 지속 가능하고 친환경적인 제품을 선택함으로써 환경 보호에 기여하고 있습니다. 이는 기업들에게도 큰 영향을 미치고 있습니다. 소비자들의 환경에 대한 요구는 기업들이 더 나은 환경 책임을 다할 것을 촉구하고, 결과적으로 기업들은 친환경적인 제품과 서비스를 개발하고 있습니다.

나. 다양성과 인클루전의 중요성

라이프스타일의 혁신은 사회적 다양성과 인클루전을 촉진하고 있습니다. 서로 다른 백그라운드와 경험을 가진 사람들이 함께 협력하고 이해하며 존중하는 문화가 강조되고 있습니다. 이는 공정성을 강조하며, 모든 이들에게 공평한 기회를 제공하는 사회적 변화를 가져오고 있습니다. 다양성이 존중되고 포용되는 라이프스타일은 우리가 함께 더 나은 미래를 창조하는 데 기여하고 있습니다.

이러한 변화와 혁신은 우리가 미래로 향해 나아갈 때 새로운 가능성을 제시하고 있습니다. 라이프스타일의 진화는 단순히 우리 개개인의 삶뿐만 아니라, 사회 전반에 긍정적인 영향을 미치고 있습니다. 새로운 라이프스타일을 탐험하며, 함께 새로운 경험을 나누고, 서로에게 영감을 주며, 미래를 향한 여정에서 행복과 안락함을 함께 누려 나가길 기대합니다.

제2절. 건강과 운동과 올바른 식생활의 중요성

현대 사회에서 라이프스타일의 변화는 건강 문제의 급증으로 이어지고 있습니다. 과거와는 다르게 불규칙한 식생활, 부족한 휴식, 과도한 스트레스가 우리의 일상에 녹아들면서, 건강한 삶을 유지하는 것이 더욱 어려워졌습니다. 이러한 상황에서 우리는 라이프스타일이 건강에 미치는 영향을 새롭게 살펴보아야 합니다.

제1항. 올바른 식생활의 중요성

가. 올바른 식생활과 건강한 삶

건강한 식습관은 건강한 라이프스타일의 핵심 요소 중 하나입니다. 올바른 식생활은 우리의 몸과 마음의 균형을 유지하는 데 필수적입니다. 다양한 영양소를 균형 있게 공급받음으로써, 우리는 올바른 에너지를 얻고 면역력을 강화할 수 있습니다.

나. 식사 습관의 조절

불규칙한 식사와 과도한 식사는 건강에 부정적인 영향을 미칠 뿐만 아니라, 삶의 질에도 영향을 미칩니다. 올바른 식생활은 몸에 필요한 영양소를 적절히 섭취하면서도, 에너지의 균형을 유지하여 적절한 체중을 유지하는 데 도움을 줍니다.

다. 운동의 중요성

라이프스타일에서 운동은 건강한 몸과 마음을 유지하는 데 필수적인 요소입니다. 운동은 몸과 마음의 균형을 찾는 데 도움을 주며, 신체적인 활동을 통해 스트레스를 완화하는 효과가 있습니다. 운동은 우리의 에너지를 높이고, 신체적인 활동을 통해 스트레스를 완화하는 데 효과적입니다. 뿐만 아니라, 규칙적인 운동은 몸의 유연성을 유지하고, 자세를 개선하며, 자신감을 향상시킵니다.

제2항. 건강한 정신을 위한 자기 관리 방법

가. 라이프스타일과 스트레스의 연관성

현대 사회에서 스트레스는 건강에 부정적인 영향을 미치는 주요한 요인 중 하나입니다. 불규칙한 라이프스타일은 스트레스를 유발할 수 있으며, 이는 정신적인 건강에도 영향을 미칩니다.

나. 명상과 휴식의 중요성

스트레스에 대처하기 위한 효과적인 방법 중 하나는 명상과 휴식입니다. 적절한 휴식과 명상을 도입함으로써, 우리는 정신 건강을 보호하고, 스트레스에 효과적으로 대처할 수 있습니다.

다. 건강한 라이프스타일과 긍정적인 습관의 형성

건강한 선택과 습관은 우리가 건강을 유지하는 데 큰 역할을 합니다. 올바른 식습관, 규칙적인 운동, 휴식과 명상은 건강한 라이프스타일의 중심을 이루며, 우리가 향후 노년까지 건강하고 행복한 삶을 살아가는 기반이 됩니다.

라이프스타일의 변화와 함께 건강과 운동, 올바른 식생활은 우리의 삶에 있어서 중요한 주제입니다. 이는 우리가 건강한 선택을 통해 행복한 라이프스타일을 구축할 수 있음을 보여 줍니다. 건강과 행복은 우리의 손에 달려 있습니다. 올바른 선택을 통해 건강과 행복을 유지하며, 지속 가능한 라이프스타일을 만들어 나가길 기대합니다.

제3절. 정신적 건강과 긍정적 은퇴 생활

은퇴는 우리 삶에서 특별한 단계로 여겨집니다. 60-80대의 세대에게는 더욱 큰 의미를 갖고, 이는 단순한 휴식의 시기를 넘어서 새로운 도전과 성장의 기회로 여겨집니다. 변화의 흐름 가운데 우리는 은퇴를 새로운 라이프스타일의 기회로 받아들이고 있습니다.

제1항. 긍정적인 은퇴 생활의 핵심 요소

가. 정신적 건강과 은퇴의 무관한 연결

은퇴 생활에서 정신적인 건강은 삶의 퀄리티를 높이는 핵심적인 부분입니다. 이는 단순히 노후에 적응하는 것을 넘어서, 긍정적인 마음가짐과 정신적인 안정을 통해 더 풍요로운 삶을 살아갈 수 있도록 도와줍니다.

나. 자기 계발의 필요성

은퇴 생활에서의 긍정적인 에너지를 유지하려면 자기 계발이 필수적입니다. 새로운 기술, 예술, 언어 등을 학습하거나, 관심 있는 분야에서의 커뮤니티 참여는 은퇴 생활을 더욱 풍요롭게 만들어 줄 것입니다.

다. 지속적인 학습의 중요성

은퇴 후에도 지속적인 학습은 정신적으로 젊음을 유지하고 긍정적인 사고를 증진시키는 데 중요합니다. 새로운 영역에 도전하고, 지적 호기심을 충족시키면서, 은퇴 후의 인생을 더욱 의미 있게 만들 수 있습니다.

제2항. 은퇴 생활에서 새로운 의미 찾기

가. 소통의 중요성

은퇴 생활에서의 소통은 정신적 건강을 유지하는 데 필수적입니다. 가족, 친구 혹은 새로운 인연과의 소통은 외로움을 덜어 주고, 긍정적인 사회적 관계를 형성하는 데 도움을 줍니다.

나. 사회적 연결성 강화

은퇴 생활에서는 자신의 경험과 지식을 바탕으로 사회에 기여하는 것은 큰 의미가 있습니다. 자원봉사, 지역 사회에서의 참여는 은퇴 후의 인생에 새로운 의미와 존경을 부여해 줄 것입니다.

다. 유연성을 통한 은퇴 생활의 조절

은퇴는 고정된 규칙이나 일정을 벗어나는 시기입니다. 이는 은퇴 생활에서 더 큰 유연성을 허용하며, 새로운 관심사나 여가를 찾아가는 과정에서 만족감을 찾을 수 있는 기회를 제공합니다.

라. 건강한 라이프스타일과 은퇴의 긍정적 상호 작용

건강한 라이프스타일은 은퇴 생활을 더욱 풍요롭게 만들어 주는 원동력 중 하나입니다. 정신적 건강과 긍정적인 에너지를 유지하며, 새로운 관심사와 활동을 통해 은퇴 생활을 더욱 풍성하고 만족스럽게 만들 수 있습니다.

은퇴는 우리의 인생에서의 새로운 출발이며, 긍정적인 에너지로 가득 찬 시작입니다. 정신적 건강과 긍정적인 은퇴 생활은 서로 긍정적으로 상호 작용하며, 삶의 뒷받침이 되어 줍니다. 새로운 관심사를 찾고, 지속적인 학습을 통해 성장하며, 소통과 기여를 통해 사회와 연결되는 은퇴 생활은 행복하고 풍요로운 것이 될 것입니다.

제4절. 친구와 가족과의 긍정적 관계 유지

가족은 우리 삶에서 가장 중요한 지주입니다. 가족 관계는 존중과 이해를 기반으로 하며, 특히 60-80대의 세대에게는 안정적이고 꾸준한 지원을 제공하는 중심적인 역할을 합니다. 가족은 노년에 접어들어도 변함없는 품 안에서 서로에게 지지의 손길을 전해 줍니다. 또한, 친구는 삶을 더욱 풍요롭게 만들어 주는 특별한 동반자입니다. 서로 다른 배경과 경험을 가진 친구들은 우리에게 새로운 시각과 경험을 제공하며, 긍정적인 에너지와 따뜻한 지지를 통해 삶을 더욱 풍성하게 만들어 줍니다.

제1항. 친구와 가족

가. 가족과의 강한 유대감

가족은 우리 삶에서 가장 지속적이고 안정적인 관계를 형성하는 중추입니다. 가족 간의 강한 유대감은 서로에게 안정감과 안락함을 제공하며, 난관에 부딪혔을 때 서로에게 힘을 실어 줍니다.

나. 친구와의 특별한 연결

친구 관계는 다양성과 유연성을 통해 풍요로움을 더합니다. 서로 다른 관점에서의 지지와 이해는 우리를 더 나은 방향으로 이끄는 데 도움을 줍니다. 또한, 친구들은 함께 나누는 즐거움과 어려움을 통해 서로에게 특별한 동반자임을 실감하게 합니다.

다. 가족과 친구 간의 소통의 중요성

가족과 친구 관계를 유지하기 위해서는 상호 간의 존중과 이해가 필수적입니다. 소통은 서로에게 가까워지는 핵심적인 도구로서, 갈등을 예방하고 긍정적인 분위기를 조성하는 데 결정적인 역할을 합니다. 정기적인 가족 모임이나 친구들과의 만남은 소통의 강화를 도모합니다. 서로의 생각과 감정을 개방적으로 나누면서, 긍정적인 관계를 유지하며 각자의 삶에서 일어나는 변화에 대한 이해를 깊게 할 수 있습니다.

제2항. 갈등의 현명한 해결과 성숙한 관계 형성

가. 갈등의 자연스러운 측면

가족이나 친구 관계에서 갈등은 피할 수 없는 자연스러운 현상입니다. 서로 다른 의견과 가치관을 가지고 있기 때문에 갈등은 불가피하게 발생할 수 있습니다. 그러나 갈등은 성숙한 관계의 한 부분으로 받아들여져야 합니다.

나. 갈등의 건강한 처리

갈등은 솔직한 대화와 서로를 존중하는 과정에서 건강하게 해결될 수 있습니다. 상호 간의 이해를 높이고 타협하는 노력은 관계를 튼튼하게 만들어 주며, 긍정적인 상호 작용을 강화하는 기회를 제공합니다.

다. 서로에게 주는 공감과 지지의 가치

어려움이나 슬픔이 찾아왔을 때, 가족과 친구는 공감과 지지를 통해 서로를 격려하고 지탱할 수 있는 동반자입니다. 이러한 공감과 지지는 서로에게 힘이 되어 주면서 긍정적인 관계를 굳건하게 유지합니다. 서로의 어려움을 나누고 공감하는 것은 긍정적인 가족과 친구 관계를 유지하는 데 핵심입니다. 어려움을 함께 이겨 내고, 기쁨을 함께 나누면서 서로에게 더 가까워질 수 있는 특별한 순간이 형성됩니다.

가족과 친구는 우리 삶에서 소중한 존재이자 안정된 안식처입니다. 그들과 함께하는 시간은 은퇴 생활을 더욱 풍요롭게 만들어 주는 소중한 향기로운 환희입니다. 상호 간의 소통과 이해, 갈등의 성숙한 처리, 그리고 어려움과 기쁨을 함께 나누는 공감과 지지는 우리를 행복한 라이프스타일로 이끌어 줄 것입니다.

제5절. 은퇴 후의 긍정적인 사회적 참여와 책임

은퇴는 우리 삶에서 새로운 장을 여는 과정으로, 이는 단순한 쉼터가 아닌, 더욱 의미 있는 사회적 참여와 책임의 시작을 의미합니다. 이는 우리에게 제공되는 새로운 기회의 문을 열어 주며, 긍정적인 변화의 여정을 시작합니다. 은퇴 후의 사회적 참여는 단순한 휴식이 아닌, 사회에 기여하고 긍정적인 영향을 끼치는 의미 있는 활동의 시작입니다. 이는 우리 자신의 삶에 새로운 의미를 부여하는 동시에, 주변 사회에도 긍정적인 파급효과를 가져올 것입니다.

제1항. 은퇴 후의 사회 참여의 다양한 모습

가. 자원봉사와 봉사활동

은퇴 후의 사회 참여를 실현하는 한 가지 효과적인 방법은 자원봉사와 봉사활동입니다. 자원봉사는 우리의 기술과 경험을 활용하여 사회에 봉사하고 지원함으로써 자신의 능력을 발휘하고, 동시에 사회에 긍정적인 영향력을 끼칠 수 있는 효과적인 수단입니다.

나. 사회 참여의 다양성과 확장성

봉사활동은 다양한 형태와 분야에서 이루어질 수 있습니다. 어린이나 노년 어르신들과의 교류, 환경 보호, 지역 사회 개선 등 다양한 사회 참여 활동을 통해 우리는 은퇴 후의 시간을 유의미하게 활용하고 사회에 긍정적인 흐름을 불어넣을 수 있습니다.

다. 기술과 디지털 참여

은퇴 세대도 기술을 활용하여 사회에 참여할 수 있습니다. 디지털 미디어와 소셜 미디어를 통해 의견을 나누고, 전문적인 지식을 공유함으로써 디지털 시민으로서의 역할을 수행할 수 있습니다. 이는 은퇴 후의 세대가 현대 사회에서 더욱 활동적으로 참여할 수 있도록 도와줄 것입니다.

제2항. 교육과 멘토링

가. 은퇴 후의 교육 참여

은퇴 후의 세대는 자신의 경험과 지식을 바탕으로 교육 활동에 참여할 수 있습니다. 대학이나 지역 사회 센터에서 강의를 하거나, 멘토링을 통해 젊은 세대에게 지혜와 조언을 전해 주는 것은 은퇴 후의 세대가 사회에 지속적으로 기여하는 방법 중 하나입니다.

나. 경험의 공유와 지혜 전수

은퇴 후의 세대가 자신의 경험을 다른 이들과 공유하는 것은 보다 건강하고 풍요로운 사회를 만들어 갈 수 있는 중요한 요소입니다. 상호 교류를 통해 서로의 인생 이야기를 나누고, 서로에게 영감을 주며 새로운 아이디어를 도출할 수 있습니다.

다. 사회적 연결과 심리적 풍요

은퇴 후의 사회 참여는 사회적 연결을 강화하는 데 큰 역할을 합니다. 다양한 사람들과 소통하고 협력함으로써 새로운 친구를 만들고, 기존의 인간관계를 강화함으로써 심리적인 풍요를 창출할 수 있습니다. 은퇴 후에도 자신의 능력을 발휘하고 사회적으로 유의미한 일을 하는 것은 긍정적인 자아 이미지를 형성하며, 더 나은 삶의 질을 창출하는 데 도움을 줄 것입니다.

은퇴 후의 사회적 참여와 책임은 노년에게 뜻깊은 두 번째 인생 챕터를 선사합니다. 자원봉사, 창의성 발휘, 교육 참여, 사회적 연결 등을 통해 우리는 은퇴 생활을 더욱 풍요롭게, 의미 있는 시간으로 만들 수 있습니다. 이러한 활동들은 사회에 긍정적인 파급효과를 미치며, 새로운 세대에게 희망과 지혜를 전하고자 하는 우리의 의지를 실현할 것입니다.

제6절. 지속 가능성과 은퇴 후의 성취감의 긍정적 결합

은퇴는 우리 삶에서 새로운 시작을 의미합니다. 그리고 이 새로운 시작이 지속 가능성과 어떻게 연결될 수 있는지를 살펴보면, 은퇴 후의 세대가 지구 환경에 대한 책임감과 미래를 위한 긍정적인 행동을 어떻게 결합할 수 있는지에 대한 중요한 통찰을 얻을 수 있습니다.

제1항. 은퇴 후의 사회적 책임

가. 지속 가능성의 개념

지속 가능성은 우리의 행동과 결정이 현재 세대뿐만 아니라 미래 세대에게도 긍정적인 영향을 미칠 수 있도록 삶을 살아가는 원칙입니다. 환경, 사회, 경제적 측면에서 균형을 이루면서 지속 가능한 발전을 추구하는 것이 중요합니다.

나. 은퇴 후의 사회적 책임

은퇴 후의 세대는 지속 가능성에 대한 사회적 책임을 맡고 있습니다. 이는 개인의 삶뿐만 아니라 지구 전체의 미래에 대한 고려를 의미하며, 이 책임을 수행함으로써 은퇴 생활이 보다 의미 있는 것으로 나아갈 수 있습니다.

제2항. 지속 가능성과 은퇴 후의 긍정적 상호관계

가. 지속 가능한 라이프스타일의 채택

은퇴 후의 세대는 지속 가능한 라이프스타일을 채택함으로써 자신의 일상에서 지구에 대한 책임을 실천할 수 있습니다. 환경친화적인 선택, 재활용, 소비의 절제 등은 지속 가능성을 고려한 은퇴 생활의 첫걸음일 수 있습니다.

나. 성취감을 통한 사회 참여

은퇴 후의 세대는 성취감을 통해 지속 가능한 사회 참여에 참여할 수 있습니다. 자원봉사, 환경보호 단체 참여, 교육 프로그램 지원 등은 개인의 성취감을 증진시키면서 동시에 지속 가능한 사회 기여의 일환으로 작용할 수 있습니다.

다. 환경 보호와 은퇴 후의 여가 활동

은퇴 후의 여가 활동은 지속 가능성을 향상시키는 중요한 창구가 될 수 있습니다. 대자연과 교감하며 환경 보호 활동에 참여하면서, 은퇴 후의 세대는 자연에 대한 감사함과 미래 세대를 위한 노력을 결합할 수 있습니다.

은퇴 후의 세대가 지속 가능성과 은퇴 후의 성취감을 긍정적으로 결합한다면, 그들은 더욱 풍요로운 삶과 긍정적인 영향력을 발휘할 수 있을 것입니다. 지구 환경에 대한 사회적 책임감과 개인적인 성취감은 새로운 장을 여는 은퇴 후의 여정에서 행복과 만족을 찾는 데 중요한 지표가 될 것입니다.

제6장

행복 중심의 노년 경제학

제1절. 상속과 유산의 의미 있는 활용

우리가 노년기의 문턱에 서면서, 과거의 성취와 노고가 담긴 상속과 유산에 대한 심오한 고찰이 시작됩니다. 이 순간은 더 이상 단순한 재산의 이전만이 아닌, 우리의 정체성과 연결고리를 형성하는 중요한 시기입니다.

제1항. 상속과 유산을 통한 세대 간의 소통

가. 유산의 다양한 모습

유산은 다양한 형태로 나타납니다. 여기에는 물질적인 부와 더불어 지식, 경험, 문화적 유산 등이 포함됩니다. 노년기에 이르면서, 우리는 이러한 다양한 유산들을 통해 더 넓고 깊은 측면에서의 풍요로움을 체험하게 됩니다. 우리가 자녀들에게 전하고자 하는 가치와 지혜가 이 모든 형태의 유산을 아우르며, 노년기는 이 모든 것을 종합적으로 경험하는 시기입니다.

나. 유산의 책임 있는 활용

유산은 단순한 물질적인 증거물이 아닙니다. 올바르게 활용된다면 이는 사회적 책임의 출발점이 될 수 있습니다. 노년기에 도달하면서, 우리는 상속과 유산을 효과적으로 관리하고 활용하는 방법에 대한 심각한 고민이 필요합니다. 이는 자녀들에게만 전달되는 것이 아니라, 지역 사회나 사회 전체에 기여함으로써 유산을 더 큰 목적에 편입시키는 것입니다.

다. 상속과 유산을 통한 세대 간의 소통

노년기는 세대 간 소통의 중요한 시기입니다. 상속과 유산은 단순한 재산의 이전을 넘어, 가족 간의 유대감을 강화하는 연결의 다리 역할을 합니다. 이를 통해 자녀들과 소통하며 전하고자 하는 가치, 이야기, 역경을 극복한 경험 등을 공유함으로써, 가족 간의 소통과 이해관계가 더욱 깊어질 것입니다.

제2항. 상속과 유산을 통한 행복 중심의 노년 경제학

가. 더 큰 의미를 추구하는 사고방식

행복 중심의 노년 경제학은 더 큰 의미를 추구합니다. 상속과 유산을 자기 자신만을 위한 수단이 아닌, 지역 사회와 사회 전체의 행복에 기여하는 방안을 모색합니다. 이는 노년기가 물질적인 풍요뿐만 아니라, 문화, 예술, 지식 등 다양한 영역에서도 사회에 기여할 수 있는 소중한 시기임을 인식하는 것입니다.

나. 삶의 가치를 높이는 길로의 초청

행복 중심의 노년 경제학을 실천함으로써 우리는 노후를 더욱 풍요롭게 보낼 수 있습니다. 상속과 유산을 통해 나 자신뿐만 아니라 주변 사회에 기쁨과 풍요를 전하는 것이 중요합니다. 이를 통해 우리는 노년의 삶을 보다 의미 있게 만들어 가며, 행복한 노후를 실현할 수 있습니다. 상속과 유산은 우리가 받은 것뿐만 아니라, 우리가 전하는 메시지의 일환이며, 이를 통해 세대 간의 연결고리를 강화하고, 노년기의 존엄한 시기를 보내는 것이 가능합니다.

노년기는 우리의 선택에 달려 있는 소중한 시간입니다. 상속과 유산을 통해 어떤 삶을 살아갈지, 어떤 가치를 전할지는 우리의 의지에 달려 있습니다. 행복 중심의 노년 경제학을 실천하며, 상속과 유산을 통해 나 자신과 주변 사회에 기쁨과 풍요를 불어넣는 것은 우리의 선택입니다. 이 선택이 우리의 노후를 풍요롭고 의미 있게 만들 것이며, 세대 간의 유대감을 강화하고, 노년의 존엄한 시기를 보내는 기쁨을 안겨 줄 것입니다. 행복 중심의 노년 경제학을 실천하여, 상속과 유산을 통한 풍요로운 노후를 긍정적으로 즐겨 봅시다.

제2절. 자녀와의 긍정적인 유대 관계 구축

노년기에 접어들면서 우리는 삶의 새로운 장면을 맞이하게 됩니다. 특히 자녀와의 관계는 그중에서도 가장 뚜렷한 영향을 미치는 부분 중 하나입니다. 이번 절에서는 자녀와의 긍정적인 유대 관계가 어떻게 우리 노후의 행복과 만족도에 영향을 미치는지, 그 중요성과 구축 방법에 대해 탐구해 보고자 합니다.

제1항. 자녀와의 긍정적인 유대 관계의 중요성

가. 자녀와의 관계

우리가 노년기에 접어들면서 가장 큰 행복의 원천 중 하나는 자녀와의 관계에서 찾을 수 있습니다. 자녀는 우리 삶의 연장선이자, 지난 세월 동안의 기억과 사랑을 함께 나누는 특별한 존재입니다. 그들과의 긍정적인 유대 관계는 오랜 세월 동안 쌓인 소중한 순간들로 가득하며, 이는 우리 노후를 풍요롭게 하는 열쇠가 됩니다.

나. 긍정적인 유대의 형성

자녀와의 관계에서 긍정적인 유대를 형성하는 것은 마치 인생의 보람을 만나는 듯한 경험입니다. 서로에게 주는 지지와 이해는 강력한 정서적 안정감을 제공하며, 노년기의 복잡한 감정세계를 안정시키는 데 크게 기여합니다. 그뿐만 아니라, 자녀들과의 긍정적인 관계는 우리의 인생 여정을 다시 한번 의미 있게 만들어 주는 역할을 합니다.

제2항. 자녀와의 긍정적인 유대 관계 구축 전략

가. 소통의 중요성

자녀와의 긍정적인 유대는 서로에 대한 소통에서 시작됩니다. 서로의 생각과 감정을 솔직하게 나눔으로써 더 깊은 이해를 형성하고, 문제를 해결하며 서로에게 더 가까워질 수 있습니다. 노년기에 이르면서 자녀와의 소통은 양쪽 모두에게 큰 만족감과 안정감을 제공하며, 더불어 서로의 존중을 증진시키는 중요한 방식이 됩니다.

나. 이해와 관용

자녀와의 긍정적인 유대는 서로에 대한 이해와 관용에서 시작됩니다. 자녀는 우리의 경험과 가치관에서 다르게 성장할 수 있기 때문에, 서로 다른 측면을 받아들이고 존중하는 것이 중요합니다. 이러한 관용과 이해가 서로 간의 유대를 더 깊게 만들어 주며, 함께하는 삶에 새로운 활력을 불어넣어 줍니다.

다. 상호 교감의 소중함

자녀와의 긍정적인 유대는 서로에게 가르치고, 배우는 과정을 포함합니다. 경험이 풍부한 노년은 자녀에게 지혜와 지식을 전하고, 동시에 자녀로부터 현대 사회에서의 새로운 통찰력을 얻을 수 있습니다. 이러한 상호 교감은 노년에게도 새로운 도전과 성장의 기회를 제공하며, 서로에게서 영감을 받을 수 있는 특별한 관계를 형성합니다.

자녀와의 긍정적인 유대는 노년기를 보람 있는 시간으로 만들어 줍니다. 서로에게 흐르는 사랑과 이해는 삶의 무게를 가볍게 만들어 주며, 고령의 시점에서도 새로운 가능성과 성장을 열어 줍니다. 자녀와의 관계를 소중히 여기고 긍정적인 유대를 유지하면, 노년기는 더욱 풍요로운 삶으로 이어질 것입니다. 노년기는 우리의 삶에서 더욱 깊은 의미를 찾아 나가는 여정의 일부이며, 자녀와 함께하는 이 여정은 결코 삶의 끝이 아닌 새로운 시작임을 상기하십시오.

제3절. 은퇴 후의 자기 계발과 행복의 상호 작용

우리는 모두 삶의 여정을 걷다 보면 언젠가 은퇴의 문턱에 서게 됩니다. 이는 새로운 시작이자, 끊임없는 성장과 행복의 가능성을 열어 놓은 순간입니다. 이번 절에서는 은퇴 후의 자기 계발이 어떻게 행복과 상호 작용하는지, 그 중요성과 구축 방법에 대해 탐구해 보고자 합니다.

제1항. 은퇴 후의 자기 계발의 중요성

가. 은퇴의 시작을 변화의 기회로

은퇴는 단순한 삶의 종료가 아니라, 오히려 변화의 새로운 기회를 의미합니다. 일을 물리적으로 떠나더라도, 그 순간에 놓치지 말아야 할 것은 바로 자기 계발의 문이 열린다는 사실입니다. 은퇴는 곧 휴식이 아니라, 자기 계발과 행복을 위한 새로운 시작을 의미합니다.

나. 자기 계발의 필요성

은퇴 후의 자기 계발은 끊임없는 성장의 열쇠입니다. 노년에도 여전히 새로운 기술을 배우고, 새로운 분야에서의 도전을 통해 자아를 계속해서 발전시킬 수 있는 기회가 주어집니다. 이는 노년의 정신적인 활기를 불러일으키고, 자존감과 성취감을 높여 줍니다. 자기 계발은 단순히 기술적인 측면뿐만 아니라, 노후 생활을 보다 의미 있게 만들고, 삶에 새로운 목표와 의미를 부여하는 중요한 역할을 합니다.

다. 은퇴 후의 학습

은퇴 후에도 학습은 무한한 가능성의 탐험이라 할 수 있습니다. 어떤 분야든지 새로운 지식과 기술을 배움으로써 노년기는 다양한 지적 활동을 통해 여전히 세상을 탐험하고 즐길 수 있습니다. 이러한 학습은 노년의 두뇌를 활성화시키고, 삶에 새로운 도전을 주어 몸과 마음을 젊게 유지하는 데 큰 역할을 합니다.

제2항. 은퇴 후의 자기 계발의 긍정적 영향

가. 정신적 안정과 삶의 만족도

은퇴 후의 자기 계발은 정신적 안정과 삶의 만족도에 긍정적인 영향을 끼칩니다. 새로운 기술을 익히거나 새로운 분야에서의 도전은 자신감을 높이고, 새로운 사람들과의 소통을 통해 사회적 연결을 강화합니다. 이는 노년이 혼자만의 시간을 보내지 않고 새로운 사람들과 소통하는 것의 중요성을 강조합니다. 은퇴 후의 자기 계발은 정신적 안정과 사회적 연결성을 높여, 노년기를 보다 행복한 시기로 만들어 줍니다.

나. 자기 발전의 즐거움

은퇴 후의 자기 계발은 행복의 새로운 발견을 가져옵니다. 자기 발전의 즐거움은 새로운 기술을 마스터하거나 새로운 분야에서의 업적을 이루는 것에서 비롯됩니다. 이러한 경험은 자신에 대한 자부심을 증진시키며, 행복과 만족감을 창출합니다. 은퇴 후의 자기 계발은 삶에 대한 긍정적인 에너지를 공급하며, 자기 자신을 계속해서 발전시키는 과정에서 행복을 찾을 수 있는 소중한 여정입니다.

다. 자기 계발의 지속성

은퇴 후의 자기 계발은 지속적으로 이루어져야 합니다. 끊임없이 새로운 것을 배우고, 자기 자신을 발전시킴으로써, 노년은 더욱 지혜롭고 성숙해질 수 있습니다. 자기 계발은 노년의 두뇌를 활성화시키며, 새로운 지식과 경험을 통해 노화에 대처하는 데 도움을 줍니다. 지속적인 학습은 노년의 정신적인 활력을 유지시키고, 삶의 다양한 영역에서 지혜로운 의견과 통찰력을 제공할 수 있는 토대를 마련해 줍니다.

은퇴 후의 자기 계발은 행복의 지속적인 기반을 제공합니다. 노년기는 평온하고 안락한 시기가 될 수 있지만, 동시에 새로운 도전과 학습의 기회가 풍부한 시기입니다. 은퇴 후의 자기 계발을 통해 노년은 자신에게 새로운 가능성을 보여 주며, 행복하고 의미 있는 노후를 만들어 나갈 수 있습니다. 이러한 자기 계발의 문화가 확산되어, 노년기가 더욱 지혜롭고 즐거운 세계를 만들어 나가길 기대합니다.

제4절. 음악, 미술, 문학 등 예술의 긍정적 효과

우리는 노년기에 접어들면서 예술이라는 풍요로운 영역에서 많은 영감과 즐거움을 찾을 수 있습니다. 음악, 미술, 문학 등의 예술은 우리 삶에 새로운 의미를 부여하고, 행복과 만족감을 높이는 중요한 역할을 합니다. 특히나 노년기에 이르러서는 이 예술이 삶에 더욱 특별한 의미를 부여하고, 긍정적인 영향을 끼친다고 할 수 있습니다.

제1항. 은퇴 후 음악, 미술, 문학 등 예술의 중요성

가. 음악의 중요성

음악은 노년에게 감성의 향연을 선사합니다. 다양한 음악을 통해 감정의 표현과 공유가 가능해져, 마음의 문을 열어 새로운 감성의 세계로 초대합니다. 노래와 함께하는 시간은 마치 시간 여행을 하는 듯한 경험을 선사합니다. 음악은 추억을 꺼내어 놓고, 과거의 순간들을 섬세하게 불러일으켜 노년이 그 시절을 되돌아보게 만듭니다. 음악은 마음에 휴식을 주는 역할을 합니다. 스트레스와 불안한 감정들을 진정시키고, 마음의 안정을 취할 수 있게 해 줍니다.

나. 미술의 중요성

미술은 시각적인 감동을 주며, 노년이 새로운 시각적 경험을 즐길 수 있는 기회를 제공합니다. 그림과 조각 등의 미술 작품은 아름다움에 대한 새로운 시야를 제시합니다. 노년은 이를 통해 세계를 더 아름답게 바라볼 수 있습니다. 미술은 창작의 즐거움을 선사합니다. 스스로 그림을 그리거나 조각을 만들면서 노년은 예술적인 창조의 즐거움을 맛볼 수 있습니다.

다. 문학의 중요성

문학은 언어의 아름다움을 통해 감정의 공유를 도모합니다. 시, 소설, 에세이 등을 통해 노년은 다양한 이야기에 공감하고 공유할 수 있습니다. 문학은 노년에게 인생의 깊이를 탐험할 수 있는 기회를 제공합니다. 다양한 작품을 통해 삶의 다양한 측면을 탐험하며, 새로운 인사이트를 얻을 수 있습니다. 문학은 창의력을 자극합니다. 자신의 생각과 감정을 표현하는 글쓰기는 노년이 창의력을 유지하고 향상시킬 수 있는 수단이 됩니다.

라. 창작의 중요성

음악, 미술, 문학 등의 예술은 노년에게 창작의 즐거움을 안겨 줍니다. 스스로 창작하는 활동은 노년에게 심미적인 만족감을 선사합니다. 예술의 창조는 노년의 심미적인 향상을 도모합니다. 자신만의 작품을 만들면서 노년은 예술적인 감각을 더욱 발전시킬 수 있습니다. 음악, 미술, 문학 등의 창작은 자아를 표현할 수 있는 소중한 공간을 제공합니다. 노년은 예술을 통해 자신을 찾아가고, 그 과정에서 더욱 풍요로워집니다.

제2항. 은퇴 후 예술의 긍정적 효과

가. 다양한 세대와 상호 작용

예술은 다양한 세대와의 상호 작용을 통해 노년을 사회적으로 연결시킵니다. 예술의 활동을 통해 새로운 관계를 형성하고, 고령사회에서 노년의 존엄성을 높여 줍니다. 예술 활동은 노년에게 사회적인 기여의 기회를 제공합니다. 음악회나 미술 전시 등의 행사에 참여함으로써 노년은 자신의 예술적 기술을 공유하며 사회에 기여할 수 있습니다.

나. 노년의 건강과 행복 촉진

음악은 스트레스를 감소시키고, 미술은 노년의 정서적 안정성을 향상시킵니다. 문학은 노년의 정신적 활동을 촉진시킵니다. 독서와 글쓰기는 노년의 두뇌를 활성화시키고, 인지 능력을 유지하는 데 도움을 줍니다. 이를 통해 예술은 노년의 심리적 건강을 촉진하는 역할을 합니다. 이와 같이, 음악, 미술, 문학 등의 예술은 노년의 건강과 행복에 긍정적인 영향을 미칩니다. 예술은 마치 마음과 몸을 치유하는 힘이 있는 것처럼, 노년기의 삶을 더욱 풍요롭게 만들어 줍니다.

음악, 미술, 문학 등의 예술은 노년에게 더 많은 의미와 즐거움을 안겨 줍니다. 노년은 예술을 통해 감성의 향연을 즐기고, 시각적 아름다움을 탐험하며, 언어의 아름다움에 푹 빠져 창작의 즐거움을 맛볼 수 있습니다. 뿐만 아니라 예술은 사회적 연결을 강화하고, 건강과 행복을 촉진하는 긍정적인 힘을 제공합니다. 노후의 이야기는 마치 예술 작품처럼 다채롭고 아름다워질 수 있습니다. 이러한 예술의 마법을 통해 노년은 더욱 풍요로움과 의미 있는 삶을 즐길 수 있을 것입니다. 함께 예술로 엮어 가는 행복한 노후의 이야기를 기대해 봅니다.

제5절. 관심사와 취미를 통한 창의적 행복

노년기는 많은 사람들에게는 여유와 안식의 시기로 인식되지만, 실제로는 자기 발견과 새로운 도전의 시기일 수 있습니다. 특히, 관심사와 취미는 노년에게 더 많은 의미와 활력을 제공하는 훌륭한 수단으로 부각됩니다. 이번 절에서는 관심사와 취미를 통한 창의적 행복의 중요성을 살펴보도록 하겠습니다.

제1항. 취미를 통한 창의적 행복의 중요성

가. 새로운 자아 탐험

노년기는 자신을 탐험하고 발견할 수 있는 소중한 시간입니다. 이제껏 미처 찾아보지 못했던 관심사들이 노년기에 발견되면서, 개인적인 성향과 취향을 탐구하고 새로운 도전에 나서는 시기가 열립니다. 노년의 관심사는 종종 과거의 기억과 연결됩니다. 예전에 가지고 있던 꿈이나 취미가 노년기에 다시 떠오르면, 그것은 과거와 현재를 잇는 소중한 연결고리가 될 것입니다. 노년은 더 이상의 꿈과 목표를 갖는 것이 불가능한 시기가 아닙니다. 오히려 노년기는 새로운 도전을 통해 자신을 발전시키고 더욱 풍요로운 삶을 창조할 수 있는 시기입니다.

나. 창의적 휴식처

취미는 마음의 휴식처를 제공합니다. 일상의 스트레스와 고민에서 벗어나 자기만의 소중한 시간을 보내면서, 노년은 마음의 안정을 찾을 수 있습니다. 취미는 창의적인 영감을 불러일으킵니다. 새로운 활동을 통해 자극을 받고, 자신만의 창작물을 만들면서 노년은 창의성을 키우고 새로운 가능성을 탐험합니다. 취미는 노년에게 지속적인 학습의 토대를 제공합니다. 새로운 기술이나 분야를 익히면서, 노년은 자신의 지적 호기심을 충족시키며, 계속해서 성장할 수 있습니다.

다. 건강한 노후

운동이나 활동적인 취미는 노년에게 신체적인 활동을 즐길 수 있는 기회를 제공합니다. 건강한 신체는 건강한 정신을 양성하는 기반을 제공합니다. 취미는 스트레스를 감소시키는 효과가 있습니다. 마음이 한가로워지고 편안한 상태에서 활동에 몰입하면, 노년은 일상의 스트레스로부터 벗어나는 방법을 찾을 수 있습니다. 또한, 취미는 사회적 활동의 기회를 제공합니다. 동호회나 모임을 통해 주변 사람들과 소통하며, 새로운 인간관계를 형성할 수 있는 플랫폼을 제공합니다.

제2항. 취미를 통한 창의적 행복의 긍정적 효과

가. 자아의 발견과 소통의 수단

취미는 자아의 발견을 도모합니다. 자기만의 특별한 활동을 통해 노년은 자신의 취향과 성향을 발견하고, 이를 통해 자아를 더욱 깊게 이해할 수 있습니다. 취미는 소통의 수단으로 작용합니다. 자신의 취미를 주변과 공유하면서, 노년은 자신의 열정과 관심을 다른 이들과 나누게 되어 소통의 기회를 확장합니다. 취미는 사회적 공헌의 창구가 될 수 있습니다. 노년은 자신의 취미나 기술을 활용하여 지역 사회나 사회적 단체에 기여함으로써, 자신의 경험과 역량을 공유할 수 있는 기회를 찾을 수 있습니다.

나. 노후를 더욱 풍요롭게

취미는 노후의 자기 계발을 지속시킬 수 있는 수단입니다. 새로운 도전과 학습을 통해, 노년은 계속해서 성장하고 발전할 수 있습니다. 취미는 가족과의 소통을 촉진합니다. 공통된 취미나 관심사를 가족과 함께 즐기면서, 노년은 가족 간의 유대감을 강화하고 소중한 시간을 함께할 수 있습니다. 취미는 노후의 행복의 핵심이 됩니다. 자신만의 취미를 가지고 즐기며, 창의적으로 시간을 보내면서, 노년은 삶의 의미와 만족을 더욱 깊게 체험할 수 있습니다.

관심사와 취미는 노년에게 창의적인 행복을 제공하는 빛나는 보석입니다. 자신의 취미를 찾고, 그에 몰두하면서 노년은 마음과 몸이 조화를 이루며 더 풍요로운 삶을 즐길 수 있습니다. 이를 통해 노후는 단순한 노년의 시간이 아닌, 자기 발견과 창의적인 도전의 시간으로 가치 있게 채워질 것입니다. 함께하여 관심사와 취미를 통한 창의적 행복을 노래하며, 노후의 새로운 장을 함께 열어 가길 바랍니다.

제6절. 행복 중심의 은퇴 생활과 성취감

노년기의 삶은 무엇보다도 은퇴 생활에서의 만족과 성취를 중시할 필요가 있습니다. 은퇴 생활은 노년기에 도래하는 중요한 시기 중 하나로, 특히 행복 중심의 은퇴 생활이 어떻게 성취감을 증진시키고 긍정적인 영향을 미치는지에 대해 함께 탐구하고자 합니다. 이번 절에서는 은퇴의 의미와 그 안에서 행복 중심의 삶을 향한 여정에서 어떻게 성취를 이루어 나갈 수 있는지에 대해 다양한 측면에서 살펴보도록 하겠습니다.

제1항. 행복 중심의 은퇴의 중요성

가. 은퇴는 긍정적인 전환의 시작

은퇴는 삶의 한 단계로서 직업에서 퇴직하고, 새로운 여정을 시작하는 과정을 의미합니다. 이는 기존의 업무에서 벗어나 새로운 시점에서 삶을 살아가기 위한 기회를 제공합니다. 행복 중심의 은퇴 생활은 단순히 퇴직하는 것 이상으로, 새로운 삶을 여는 기회로 받아들입니다. 이는 자유롭고 책임 있게 자기 삶을 설계하며, 새로운 도전에 나서는 시기입니다.

나. 성취감의 필요성

은퇴 생활에서 성취감은 필수불가결한 요소입니다. 이 시기에 새로운 목표와 도전을 세우고 이를 이루어 내면서, 노년은 자신에게 뜻깊은 성공과 성취를 누릴 수 있습니다. 은퇴 후의 도전은 성취의 즐거움을 가져옵니다. 취미를 찾거나 새로운 기술을 익히는 등의 도전을 통해, 노년은 자신의 잠재력을 활용하고 성장할 수 있는 기회를 만납니다.

다. 다양한 자기 계발의 옵션

은퇴 생활은 다양한 자기 계발의 옵션을 제공합니다. 예를 들어, 언어 학습, 예술, 스포츠 등의 활동을 통해 노년은 자신의 관심사를 찾고 발전시킬 수 있는 풍부한 기회를 갖습니다. 행복 중심의 은퇴에서 교육은 중요한 역할을 합니다. 새로운 분야의 지식을 습득하고 기존의 지식을 업데이트함으로써, 노년은 자기 계발과 성장을 촉진합니다.

제2항. 행복 중심의 은퇴의 긍정적 영향

가. 소통과 공헌의 즐거움

행복 중심의 은퇴는 소통의 확장을 의미합니다. 동호회나 지역 사회의 활동에 참여함으로써, 노년은 새로운 친구들과 소통하며 사회적 연결을 강화합니다. 은퇴 후의 사회 공헌은 가치 있는 경험을 가져옵니다. 자신의 경험과 노하우를 기반으로 지역 사회나 자원봉사 단체에 참여함으로써, 노년은 사회에 기여하는 소중한 일을 수행합니다.

나. 가족과의 유대

은퇴 후의 가족과의 시간은 은퇴 생활의 큰 보상 중 하나입니다. 가족과의 유대는 새로운 삶의 재미와 행복을 함께 나누는 것을 의미하며, 이는 은퇴 생활에서의 성취감을 높여 줍니다.

다. 건강한 라이프스타일

은퇴 생활에서 건강한 라이프스타일은 특히 중요합니다. 규칙적인 운동, 균형 잡힌 식사, 충분한 휴식은 은퇴 생활을 더욱 풍요롭게 만들어 줍니다.

라. 긍정적 관점의 중요성

행복 중심의 은퇴에서 중요한 것은 긍정적인 관점을 유지하는 것입니다. 새로운 도전이나 어려움에 긍정적으로 대처하면서, 노년은 자신의 은퇴 생활을 풍요롭게 만들어 갈 것입니다.

행복 중심의 은퇴는 퇴직을 넘어 자기 계발과 소통, 사회 공헌을 통한 풍요로운 노후를 의미합니다. 성취감은 은퇴 생활에서 중요한 축복 중 하나로, 자기 발견과 도전을 통해 은퇴 생활을 더욱 의미 있게 만듭니다. 함께하여 행복 중심의 은퇴가 은퇴자에게 뜻깊은 성취와 풍요로움을 안겨 주길 기대합니다.

에필로그

　여기서 우리는《유비쿼터스 행복경제학》의 여정을 마치게 됩니다. 이 책을 통해 우리는 경제와 행복이 어떻게 서로 깊게 연결되어 있는지를 탐구했습니다. 이 책에서 우리는 경제가 단순한 수치와 통계가 아니라, 인간의 행복과 미래를 촉진하는 긍정의 힘임을 깨달았습니다. 포용적인 경제가 어떻게 사회적인 행복을 증진시키는지, 지속 가능한 발전이 우리의 행복과 어떤 연관성을 지니는지를 이해했습니다. 돈이 행복의 전부는 아니지만, 금전적인 안정은 행복을 뒷받침하는 중요한 요소임을 알게 되었습니다. 금전과 행복은 조화를 이루어야 합니다. 지속 가능한 발전이 우리의 행복에 직접적으로 기여할 수 있습니다. 자연환경을 존중하고 보존하면서, 미래 세대에게 깨끗하고 풍요로운 지구를 남기는 것이 우리의 책임임을 깨닫게 되었습니다. 지속 가능한 행복의 길은 우리의 선택과 행동에서 시작됩니다. 각 세대의 관점에서 경제와 행복의 연결성을 이해하고 존중하는 것은 중요합니다. 학부모로서, 직업적 성공에 몰두한 30-50대로서, 그리고 은퇴를 맞이하는 60-80대로서 각각의 도전과 기회를 이해하고 서로에게 올바른 행복 중심의 경제적 안정을 제공하는 것이 필요합니다.

이 책은 행복 중심의 라이프스타일이 어떻게 우리의 삶을 보다 풍요롭게 만들 수 있는지를 강조했습니다. 돈과 성공만큼이나, 자기 계발과 삶의 가치에 집중하여 더 의미 있는 삶을 살아갈 수 있는 방법을 함께 고민해 봅시다. 더 나은 미래를 위해 우리는 지속적인 노력이 필요하며, 이는 개인적인 선택과 우리가 속한 사회의 전체적인 변화에 의해 이루어질 것입니다. 《유비쿼터스 행복경제학》을 읽으시면서 독자들은 개인적인 행복과 사회적 번영이 어떻게 긴밀한 연결을 이루며, 이를 통해 우리는 더 나은 미래를 창출할 수 있는지를 발견하셨을 것입니다. 우리가 함께 노력하고 나눔으로써, 더 행복하고 지속 가능한 세상을 만들어 나갈 수 있습니다.

마지막으로, 이 책을 쓰는 과정에서 저자는 OpenAI의 ChatGPT 3.5와의 협업을 통해 더 좋은 자연어 생성을 위한 기술적 지원을 받았음을 밝히고자 합니다. ChatGPT 3.5의 기술적 지원을 통해 저자는 콘텐츠를 더욱더 풍부하게 구성하고, 복잡한 주제를 깊이 있게 다룰 수 있었습니다. 그러나 ChatGPT 기술은 인간 작가의 창작 활동을 보완하는 도구로 활용되었을 뿐이며, 작가의 좋은 글쓰기를 위한 비전과 통찰력, 그리고 선한 영향력을 전달하고자 하는 작가의 충실한 노력의 창작물임을 강조합니다. 감사합니다.